E por olhar tudo,
nada via

Margo Glantz

E POR OLHAR TUDO, NADA VIA

Tradução | Paloma Vidal

coleção NOS.OTRAS

Relicário

Para Alina e Renata,
minhas maravilhosas filhas

Felizmente a incongruência do mundo é de índole quantitativa. A história dos homens é um instante entre os dois passos de um caminhante.

Franz Kafka

Há golpes na vida, tão fortes... Eu não sei!

César Vallejo

A bomba explodirá no bar às treze e vinte.
Agora são só treze e dezesseis.
Alguns ainda terão tempo de sair.
Outros de entrar.

Wisława Szymborska

Vencida da idade senti minha espada,
e não achei outra coisa em que pôr os olhos
que não fosse lembrança da morte.

Francisco de Quevedo

E por olhar tudo, nada via,
nem discernir podia...

Sor Juana Inés de la Cruz

É o tempo de Deus que aflora um dia,
que cai, mais nada, madura, ocorre,
para tornar amanhã por surpresa
é um estéril repetir-se inédito.

José Gorostiza

SOBRE FUGACIDADES E PERMANÊNCIAS

Adriana Kanzepolsky

que um passarinho muito pequeno colidisse contra os vidros de uma estufa / que há algo bom no céu azul e nas flores, mas outra força, uma dor selvagem, uma deterioração, também acompanha tudo

Margo Glantz, *E por olhar tudo, nada via*

"E por olhar tudo, nada via" é o verso do *Primeiro Sonho* de Sor Juana Inés de la Cruz que Margo Glantz escolhe como título para este livro que se abre com a seguinte pergunta: "Ao ler as notícias, como decidir o que é mais importante?". Uma pergunta que ao longo de suas mais de duzentas páginas não só fica sem resposta, mas também se desdobra e se multiplica em uma série de opções articuladas como uma enumeração complexa, que em seu acúmulo dão forma a um único e extenso parágrafo. Enquanto as alternativas não se fecham, derivando em reticências que sucedem a última anotação, o livro se encerra com um lugar e duas datas precisas: "Coyoacán, julho de 2016 / Coyoacán, janeiro de 2018". Lugar e datas que parecem ser suas únicas certezas, já que o atordoamento produzido pela incessante enumeração oblitera em alguns momentos a pergunta que está em sua origem, e é ao leitor a quem cabe a cada instante a tarefa de restituí-la.

Mas o título que data de um poema publicado em 1692, poucos anos antes da morte de Sor Juana – a poeta mais importante do barroco hispano-americano e em cuja obra e figura Margo Glantz é especialista –, pode ser entendido como uma interpretação do próprio texto. *E por olhar tudo, nada via* pode ser lido como uma espécie de sentença à maneira das sentenças barrocas que abundam nos textos da época e que reencontraremos repetidas vezes ao longo dos fragmentos textuais deste livro, em sua qualidade de citações literais ou ligeiramente modificadas, de escritores como Quevedo, Calderón de la Barca ou Gracián: "que como disse dom Pedro Calderón de la Barca em um drama com esse mesmo nome: Nesta vida tudo é verdade e tudo é mentira" ou "que morrer morrendo vamos"; "que seja ou não verdade, como queria dom Pedro, que a vida é sonho e os sonhos sonhos são"; ou ainda "que a queixa traz descrédito diz Baltazar Gracián", entre outras. Sentenças estas que, destacadas do acúmulo de notícias mais ou menos relevantes que o texto enumera e reproduz, vão delimitando uma posição enunciativa e um olhar agudamente crítico sobre a contemporaneidade (e sobre essas próprias notícias) e em relação às quais cabe recordar que também estão precedidas pela pergunta inicial do livro: "Ao ler as notícias, como decidir o que é mais importante?".

Além disso, o gesto de escolher um verso do barroco hispano-americano, um dos estilos mais cultos e persistentes da poesia em castelhano – e vale salientar que se trata de um verso de autoria feminina em um livro muito crítico em relação ao caráter implacável de um movimento como o MeToo –, para falar de um fenômeno estritamente contemporâneo, como a saturação e a desierarquização da informação que as redes sociais produzem e que diariamente nos espreitam, mas que nós também espreitamos, seja nos computadores ou nos telefones celulares, cumpre uma dupla função aparentemente paradoxal. Por um lado, postula uma relação de oposição entre a alta cultura e a cultura midiática, entre a perduração de uma e a evanescência da outra, e simultaneamente cria uma continuidade temporal, mediante a qual adverte que, tanto agora como no século XVII, querer abarcar tudo acarreta o risco de não poder reter nada.

Embora o verso que Glantz toma do extenso poema complete seu sentido nas cinco palavras que o conformam, podemos pensar nele como um fragmento sobre o qual a escritora opera com precisão cirúrgica para destacar aquilo que lhe interessa. E isso a tal ponto que, ao virar das páginas, o reencontramos entre as várias epígrafes que antecedem o texto, não em seu "isolamento e salvação", mas sim como o primeiro termo de um *enjambement*, ocasião em que tampouco se fecha, antes dilatando-se em uma série de reticências, as quais destacam seu caráter fragmentário: "E por olhar tudo, nada via/ nem discernir podia..." diz a quinta epígrafe da série.

Nesse ponto me detenho porque penso que com este gesto a escritora instaura desde o começo, desde um lugar anterior ao texto, o processo que o organiza: o acumular de breves fragmentos que dão forma a um *continuum* que não se fecha, mas sim que se prolonga nas reticências que "encerram" a enumeração com uma frase que, no dizer de Kafka, volta sobre o próprio trabalho de escrita. "Todos os dias tenho que escrever pelo menos uma frase contra mim...", é a última notação de Margo Glantz. E, nesse sentido, cabe mencionar que Kafka, o escritor mais citado no texto, não só é o primeiro que menciona, novamente em uma paráfrase de uma entrada dos seus diários – gênero cuja escolha não é aleatória em *E por olhar tudo...* – como também é o autor da epígrafe que abre o livro e que condensa aquelas que me parecem ser as linhas centrais do livro de Glantz: a incongruência do mundo e a brevidade da vida humana. "Felizmente a incongruência do mundo é de índole quantitativa. A história dos homens é um instante entre os dois passos de um caminhante", escreve Kafka na citação escolhida pela narradora.

Em algum momento do texto, Margo Glantz nos lembra, ou lembra a si mesma, que com a soma desses fragmentos vai escrevendo um novo livro ("que escrever pelo menos uma linha ou uma página por dia possa se transformar em outro livro"), algo que se aqui é literal, fala de um processo que em maior ou menor medida é constitutivo da poética desta escritora mexicana e está presente, entre outros, em livros como *Las genealogías*, suas memórias parentais, publicadas primeiro à maneira de um folhetim no jornal UNOMASUNO, até que em 1981 são editadas em forma de livro. Ou em *Historia de una mujer que caminó por la vida con zapatos de diseñador,* de 2005, protagonizado pela encantadora

Nora García, e no qual, em um de seus relatos, escreve um pequeno "tratado" sobre o uso e o efeito do fragmento. Uma forma que também reencontramos no conjunto de textos reunidos em *Saña*, de 2010, onde seus breves ensaios são atravessados por marcas ficcionais e autobiográficas, ou em *Por breve herida*, de 2016, centrado nos dentes – um fragmento do corpo – e em suas idas a diferentes dentistas.

Refiro-me a um procedimento que se potencializa e se radicaliza em *Yo también me acuerdo*, de 2014, no qual cada entrada, tal como fizeram décadas atrás Joe Brainard e Georges Perec, se inicia com a expressão "Eu me lembro"; um livro com o qual *E por olhar tudo, nada via* estabelece intensos vínculos de continuidade não somente porque em ambos o breve fragmento é constitutivo como também pela recorrência de algumas imagens, que ela nem recorda, nem são uma notícia, como o fugaz aparecimento e desaparecimento dos colibris naquilo que imaginamos ser a cena da escrita, e que se repetem de um a outro como um lampejo que parece irromper para nos lembrar da continuidade e da fugacidade de tudo o que é vivo.

Quero destacar então que este livro, no qual aparentemente as frases incluídas não lhe pertencem, já que são extraídas das notícias ou são definições de figuras retóricas tomadas da Wikipédia, que às vezes a deixam perplexa por seu caráter pleonástico, ou são citações de outros escritores ou..., radicaliza uma poética que vem construindo há décadas e que tece relações com o restante de sua obra. Contudo, ainda que em *E por olhar tudo, nada via* a experimentação, o jogo com a língua e as formas da narrativa persistam dando lugar a uma trama tênue que se narra precisamente nesse jogo e que também o narra, aqui a fragmentação extrema – essas breves frases entre pontos e vírgulas – que omite os espaços em branco característicos dos textos fragmentários, dá lugar a um texto carregado, saturado, quase irrespirável, que se acopla e se vê favorecido pela matéria tratada. Nesse sentido, creio que vale destacar o achado desta forma para falar, para colocar em cena, essa dupla valência das notícias na contemporaneidade: seu caráter fragmentário e ao mesmo tempo interminável, repetitivo, ameaçador, que satura e acumula. Algo sobre o que Margo Glantz, por outro lado, constrói um olhar melancólico, mas também lúdico, dois afetos presentes em muitos de seus textos. Do lado da brincadeira: a própria forma do livro, a repetição, a escansão do texto com as definições das figuras retóricas, uma notícia e outra, as autorreferências, as ironias sobre as redes sociais, as remissões aos conselhos para ter um corpo saudável, o deleite sensual no som de certas palavras e na polifonia de suas definições, entre outros. Do lado da melancolia: a repetição que confunde, a enumeração das mortes, dos assassinatos de mulheres, da extinção de espécies, do narcotráfico, do tempo que implacável avança, da hipocrisia que ameaça o politicamente correto, do avanço e persistência dos fascismos, que sempre esperam à espreita pela menor oportunidade para manifestar-se, da devastação pela mudança climática, das valas comuns no México...

Se citei como paradoxal o jogo entre um livro que fala da estrita contemporaneidade e um título emprestado de um poema do final do século XVII, o paradoxo também está presente na estratégia que o fundamenta, pois, ao passo que o fragmento tem como efeito recortar uma cena e uma temporalidade e isolá-las nessa forma cujo efeito é a detenção do tempo, aqui o acúmulo e a ausência de espaços em branco entre os fragmentos que são separados por ponto e vírgula levam ao extremo e ao mesmo tempo anulam o efeito do fragmento.

Apontei antes que o olhar de Glantz oscila entre a melancolia e a brincadeira, algo que poderíamos citar como dois tons que permeiam o texto na seleção das notícias e na disposição destas na página; tons que talvez resultem insuficientes para descrever sua multiplicidade, na qual também se reitera a confiança nas conquistas científicas dos jovens mexicanos que o livro registra em muitas de suas páginas, ou algumas referências a seus próprios textos, a muitas de suas leituras ou, às vezes, à sua própria vida ("que se molhem ou não duas fatias de pão de centeio leve com sésamo (ou gergelim), marca Filler, em um par de ovos mornos"). No entanto, poderíamos pensar que na multiplicidade, cujo efeito é a sobressaturação, a pergunta que o livro se faz e nos faz é uma pergunta em torno da ordem da experiência na contemporaneidade. Penso, claro, naquilo que Walter Benjamin definiu como "Experiência e pobreza", em seu conhecido ensaio da década de 1930, no qual reflete sobre a mudez sofrida pelos soldados sobreviventes da guerra quando retornavam dos campos de batalha, sobre os quais afirma que voltavam "mais pobres em experiências comunicáveis". Um ensaio em que Benjamin observa que aquilo que a guerra produziu posteriormente, a avalanche de livros que gerou, era tudo menos experiência que se transmite de boca em boca. Se este seu ensaio se situa depois da Primeira Guerra e poucos anos antes da devastadora Segunda Guerra, creio que isso que o filósofo concebe para aquele momento, aquela impossibilidade de adquirir a experiência e transmiti-la, alcançou proporções descomunais na contemporaneidade, não unicamente pelo acúmulo de horrores que se sucederam ao longo das décadas, mas também pela multiplicação e simultaneidade das notícias que são não apenas impossíveis de transmitir, mas também de assimilar, entender, hierarquizar. Uma constatação que, com absoluta simplicidade e clareza, Margo Glantz coloca em cena com a pergunta que abre o livro e que é impossível responder de forma precisa, mas que encontra um certo tipo de resposta na sucessão ininterrupta de notícias aparentemente aleatórias que registra na sequência. Como se o livro dissesse que, uma vez que não há experiência a ser transmitida, tudo é narrável, ou para citar as belas palavras que Benjamin escreve ao final de seu ensaio: "Ficamos pobres. Abandonamos uma depois da outra todas as peças do patrimônio humano, tivemos que empenhá-las muitas vezes a um centésimo do seu valor para recebermos em troca a moeda miúda do 'atual'".

Mencionei várias vezes a palavra contemporaneidade para referir-me àquilo que conforma a matéria na qual

Glantz se detém com um olhar crítico, assombrado, divertido, horrorizado... E se trata de um tempo em que, no entanto, ela está inscrita, um tempo que, para dizer agora com Giorgio Agamben, a escritora compartilha, ou do qual é contemporânea.

No breve ensaio *O que é o contemporâneo?*, o filósofo italiano adverte que somente pertence a seu tempo, "é verdadeiramente contemporâneo, aquele que não coincide perfeitamente com este, nem está adequado às suas pretensões e é, portanto, nesse sentido, inatual; mas, exatamente por isso, exatamente através desse deslocamento e desse anacronismo, ele é capaz, mais do que os outros, de perceber e apreender o seu tempo".

Quando avançamos na reflexão de Agamben, vemos que ser contemporâneo de seu tempo exige do sujeito simultaneamente adesão e distanciamento, devendo perceber não suas luzes, mas sua escuridão, uma escuridão que, no entanto, é inseparável dessas luzes e inconcebível sem elas. Não se trata de uma escuridão que está fora, e sim de uma escuridão que concerne ao sujeito contemporâneo, já que como o filósofo aponta: "Contemporâneo é aquele que recebe em pleno rosto o facho de trevas que provém de seu tempo". E é nesse sentido, ou a partir deste horizonte desenhado por Agamben, que podemos afirmar que tanto o livro como o olhar de Glantz são estritamente contemporâneos, já que a posição que a escritora constrói é a de alguém que ao mesmo tempo está imersa e distanciada de sua época.

Mas gostaria ainda de recuperar uma última reflexão do filósofo, quando afirma que contemporâneo é aquele que coloca o presente em relação com outros tempos, porque acredito que nisso se observa um ponto-chave da lógica que organiza este livro e também da inquietude que o fundamenta; justamente uma pergunta em relação ao tempo, à índole do tempo e à tensão ou ao jogo entre o efêmero e o permanente (pergunta que, por outro lado, penso que também é fundante de *Yo también me acuerdo* e de *Por breve herida*).

A inquietude em relação à fugacidade do tempo e da vida, e a nossa impotência diante da sua passagem, assim como a nossa relação fortuita com seus efeitos e consequências, aparece já em quatro das seis epígrafes que abrem o livro. O instante que é a vida humana na citação de Kafka, que transcrevi mais acima; a certeza da morte nos versos de Quevedo ("Vencida da idade senti minha espada,/ e não achei outra coisa em que pôr os olhos/ que não fosse lembrança da morte"); o vaivém entre a fugacidade e a repetição nas palavras de José Gorostiza ("É o tempo de Deus que aflora um dia,/ que cai, nada mais, madura, ocorre/ para tornar amanhã por surpresa/ é um estéril repetir-se inédito") ou o desassossego no poema de Wislawa Szymborska que, entre o sussurro e a constatação, afirma: "A bomba explodirá no bar às treze e vinte./ Agora são só treze e dezesseis./ Alguns ainda terão tempo de sair./ Outros de entrar". Uma posição em relação à fugacidade da vida e à certeza da morte que continua no corpo do texto nas inúmeras referências aos escritores do barroco, entre os quais foi um tópico inevitável.

Contudo, a inclusão das palavras de outros escritores, contemporâneos ou não, de língua castelhana ou não, através da citação ou da paráfrase, é um movimento que pode ser entendido como uma resistência diante do efêmero, seja o efêmero do tempo ou o efêmero das notícias cotidianas. Quero dizer que há algo no texto que se retoma repetidas vezes e permanece, ainda que permaneça como citação, ainda que permaneça em sua qualidade de resto. Não se trata de citações que oferecem a resistência da pedra, mas sim que fazem sinais, cintilam em meio à voragem do cotidiano. Citações que advertem, no sentido de que são uma chamada de atenção, sobre a possibilidade de um uso diferente da linguagem, não a das notícias e, sim, a da literatura. Algo que, ainda que de forma irônica ou aparentemente irônica, o texto faz cada vez que transcreve a definição de uma figura retórica e, muitas vezes, o fragmento de um poema que exemplifica seu uso. Há algo tranquilizador na recorrência dessas definições, por mais precárias que sejam, algo que está aí para sublinhar que a linguagem não é uma naturalidade, que requer uma série de operações, tanto quando se escrevem notícias como quando se escrevem poemas ou para o andamento deste livro.

Assim, embora seja fato que às vezes o passado se apresenta como uma ameaça que se repete e em relação à qual nos custa distanciar-nos, como quando na última página lemos: "que a epidemia da gripe espanhola que se abateu sobre a Europa, depois da Primeira Guerra Mundial, tenha sido um genocídio natural que matou mais de cem milhões de pessoas, um número maior do que o produzido durante a primeira e a segunda guerra juntas", uma informação que se apenas mudássemos o nome da enfermidade, poderíamos supor como a mais importante das notícias atuais, também é verdade que não apenas as figuras retóricas reaparecem como um lugar de descanso no texto, como também são ocasião para que Margo Glantz, como que *en passant*, desdobre sua enorme erudição entre os hiatos deixados pelas notícias e também desenvolva mínimos exercícios de leitura, nos quais vincula o motivo de um poema com o verso de outro poeta, ou dois versos de poetas diferentes, pertencentes ou não à mesma tradição literária, à mesma língua ou à mesma época.

Gostaria de destacar, por último, que uma leitura distraída de *E por olhar tudo, nada via* pode gerar a impressão de que neste livro o sujeito desaparece ofuscado pela avalanche de notícias que ocupam o primeiro plano. Penso, contudo, que ele se manifesta nas operações que enumerei nos parágrafos anteriores – as citações de escritores, as definições das figuras retóricas, os pequenos exercícios de leitura – mas, sobretudo, no retorno de algumas notícias, que falam não unicamente de um sujeito com um olhar sempre lúcido em relação ao presente, mas que lança uma preocupação específica com respeito a um espaço determinado. Falo de um espaço chamado México, onde, como anota no início de *Las genealogías*, teve a sorte de ver a vida entre os gritos dos vendedores de La Merced e que agora se afirma na repetição do nome do bairro de Coyoacán como um território que delimita as datas de início e fim da escrita.

E se trata de um espaço que desde o passado, desde aquele passado anterior à chegada dos espanhóis, lhe oferece uma das citações mais belas do texto: "que se sublinhe a beleza de um provérbio maia: Todo sangue, toda água, toda Lua, todo Sol chegam ao lugar de sua quietude."

Ao ler as notícias, como decidir o que é mais importante? Que no dia 31 de janeiro de 2018 aparecesse no céu uma enorme Lua azul, ensanguentada; que ao conhecer Felice, sua futura noiva, Kafka escrevesse em seu Diário: Um rosto vazio que levava abertamente seu vazio; que o axolote mexicano seja o único animal capaz de regenerar extremidades, órgãos e tecido; que a Cidade do Cabo, na África do Sul, seja a primeira cidade no mundo que ficará totalmente sem água; que uns cientistas tenham conseguido criar orelhas para cinco crianças que sofriam de uma má-formação hereditária; que Charlie Sheen seja portador do HIV, que as ruas de Coyoacán tenham as luzes acesas ou apagadas, que se faça justiça em Ayotzinapa, que a dívida pública mexicana seja incontrolável, que haja reféns em Mali, que se legalize ou não a maconha, que o terrorismo se torne incontrolável, que Trump ou Clinton ou Scioli ou Macri tenham ganhado ou não, que a palavra impeachment não tenha verdadeira tradução em espanhol, que continue existindo lavagem de dinheiro e venda de armas, que sejam proibidos os narcocorridos, que seja decretada a lei de transparência (duvidosa), que um tigre ande solto pelas ruas de Acapulco, que Lenin tenha entrado em São Petersburgo às vésperas da Revolução Russa, que já seja possível comer salmão transgênico, que seja publicado um livro chamado Fire and Fury que revela os segredos da Casa Branca em tempos de Trump; que há três anos neve no Saara; que o fenômeno do El Niño revele mudanças climáticas dramáticas, que as malas inteligentes já sejam uma realidade, que haja estados de exceção, que policiais dos Estados Unidos tenham matado mais de mil pessoas indefesas durante 2015, que o plástico, assim como as redes sociais, tenha sido benéfico e agora polua; que Marilyn Monroe tenha luxado o tornozelo in illo tempore, que sejam decretados estados de exceção, que seja declarada uma nova e terceira ou quarta guerra mundial; que David Bowie, Fidel Castro, Prince tenham morrido; que Felicitas Schirow, uma mulher alemã de sessenta anos, voltará a exercer a prostituição, depois de quinze anos de carreira política e vários negócios fracassados; que Virginia Woolf escrevesse: Queridíssimo Leonard: Estou certa de que estou ficando louca de novo. 24 de janeiro de 1941; que tenham capturado mais uma vez Chapo Guzmán ou que o pequeno Calígula da Coreia do Norte exploda uma bomba de hidrogênio; que uma baleia jubarte seja assassinada no refúgio da vaquita marinha? O que será mais importante: ir ao trabalho de bicicleta ou saber que no metrô – tube – de Londres irrompeu uma greve que durou vinte e quatro horas; que o Papa tivesse antecipado no Vaticano parte da mensagem a favor dos migrantes mexicanos, que uma mulher na França tenha sido mordida no nariz quando quis beijar uma cobra píton, que Sean Penn e Kate del Castillo possam ser considerados culpados por terem entrevistado o Chapo Guzmán que foi recapturado; que um deputado do PRI declare que os filhos de mães solteiras se tornam delinquentes; que um estudo do Sol sugira que, utilizando ondas sonoras na camada na qual se encontra a atividade magnética, se adverte que ela se tornou mais fina;

que duas jovens de vinte e quatro e vinte e nove anos tenham sido violadas e assassinadas em Xochimilco e Milpa Alta, que encontrem mais duas jovens assassinadas e achem outras em Guachochi, Chihuahua; que o esqueleto humano consista de 206 ossos; que se queira mudar o final da ópera Carmen de Bizet porque não é politicamente correto que se assassine uma mulher; que Calderón de la Barca dissesse que a vida é sonho e que os sonhos sonhos são, que Sor Juana Inés de la Cruz tivesse escrito Primero Sueño, que Francisco de Quevedo Lucientes, os Sonhos, que Sigmund Freud tenha se ocupado de fazer um estudo psicanalítico sobre os sonhos, que seu primeiro nome não seja muito judeu ou que se sonhe todas as noites e depois se esqueça completamente o que se sonhou; que a linguagem politicamente correta seja hipócrita ou que o buraco na camada de ozônio alcance um recorde tamanho; que alguns terrorismos tenham sido financiados por governantes do mundo ocidental e agora eles finjam que se arrependem; que as figuras retóricas sejam mecanismos que alteram o uso normal da linguagem, com o fim de obter um efeito estilístico; que se suscitasse uma polêmica entre o Marrocos e o México por um rabo de dinossauro leiloado a favor das vítimas do terremoto do dia 19 de setembro de 2017; que haja aqueles que têm a válvula aórtica atrofiada; que pareça uma tragédia que Brad Pitt e Angelina Jolie se divorciassem ou que Jennifer Lawrence humilhasse um jornalista estrangeiro na cerimônia do Globo de Ouro em 2015 ou que González Iñárritu e Leonardo DiCaprio tenham ganhado ambos globos de ouro pelo filme The Revenant; que na década de cinquenta estivesse em pleno apogeu o teatro do absurdo, sobretudo em Paris; que se criem dinastias de órgãos tubulares ou que os adoradores de David Bowie confirmem que, como ele dizia, todos temos diferentes personalidades e que ponham velas e flores diante de um mural em Brixton, onde ele nasceu; que um comando sequestre vinte pessoas e mate duas durante um casamento em Arcelia, Guerrero; que Madonna diga a Sean Penn, Ainda te amo, ou se é verdade o que se conta, que ele maltratava suas companheiras ou que um acossador se travestisse para poder tocar as mulheres no metrô da Cidade do México; que Bob Dylan tenha ganhado o Nobel e não fosse a Estocolmo para recebê-lo, mas que no entanto o tenha aceitado, que Patti Smith cantasse uma de suas canções em Estocolmo e se interrompesse na metade porque ficou nervosa e que ela fosse a musa do grande fotógrafo Mapplethorpe ou que Leonard Cohen tenha morrido e muitos pensem que era ele quem deveria ter ganhado o Nobel ou que vexações a centenas de alemãs por grupos de supostos muçulmanos em Colônia seja uma conspiração para suspender o fluxo dos refugiados; que sejam necessários 140 mil insetos para obter um quilo de grana cochonilha; que se tenha que fortalecer o assoalho pélvico; que a grande fotógrafa Lee Miller tivesse que deixar os Estados Unidos por uma foto que Edward Steichen tirou dela, aparecida na Vogue por volta de 1930, em que ela anunciava pela primeira vez absorventes Kotex; que Händel tenha ficado em estado de cegueira, enquanto compunha o oratório

Jephtha, ou que se pense que o estado da Terra há trezentos milhões de anos fosse particularmente lindo, porque ainda não havia homens e porque as flores apareceram ao mesmo tempo em que os dinossauros, ou que o estado do bisonte que faleceu no zoológico de Chapultepec fosse mortal, ou melhor, qual era o estado desse zoológico onde também morreram o último gorila macho, três primatas e uma elefanta no lapso de um ano; que as figuras retóricas ajudem a captar a atenção, surpreendam por sua originalidade e possuam um grande poder sugestivo e persuasivo; que há quem pense que seria melhor se a cidade que alguma vez foi o Distrito Federal continuasse sendo o que era, ao invés de mais um estado da República; que a Odebrecht seja uma Organização global, de origem brasileira, que operou nos setores de Engenharia, Infraestrutura, Indústria, Energia, Transportes e Meio Ambiente e corrompeu, mediante subornos, numerosos funcionários e políticos de vários países da América Latina, incluindo o próprio Brasil; que muita gente esteja em estado de velhice prematura, que o estado dos ombros dos humanos possa ser desigual ou que se possa recuperar a flexibilidade praticando ioga; que Shostakovitch escrevesse sua Quinta sinfonia no meio do terror e da ameaça estalinista; que seja terrível o estado de olhar só para a frente e nunca para os lados; que o carnavalesco e o kafkiano tenham se tornado lugares-comuns ou que o momento mais viral de uma cerimônia do Globo de Ouro fosse DiCaprio olhando para Lady Gaga ou que a palavra viral tenha se popularizado nesse grau; que

David Bowie tenha sido um ícone da moda durante quatro décadas e que ele tenha dado à sua última música premonitória o nome de Lazarus; que o concreto, material usado para construir edifícios, seja chamado também de hormigón, que é um material de má qualidade, muito usado nos chamados povoados mágicos do México; que os mosquitos sejam oitenta vezes mais mortais do que os leões, os crocodilos e os tubarões juntos, e que 750 mil pessoas morram por ano por culpa deles e pela mudança climática; que a ONU e a UNESCO estejam prestes a desaparecer; que os muçulmanos e os mexicanos estejam se transformando nos judeus de hoje ou que a exposição chamada Duelo de Francisco Toledo confirme sua enorme criatividade; que a Coreia do Sul e o Japão cheguem a um acordo histórico sobre as mulheres exploradas sexualmente na Segunda Guerra Mundial; que três japoneses revelem que preferem ter como companheiras de vida suas bonecas robôs, feitas de silicone e providas de vaginas intercambiáveis; que o assoalho pélvico seja a parte da nossa musculatura que mais se aproxima dos nossos esfíncteres; que Trump ganhasse com mentiras ou que Hillary Clinton perdesse a presidência dos Estados Unidos e os efeitos possíveis que esse fato teria para o mundo e para o México ou que Sacha Baron Cohen e Isla Fisher doassem um milhão de dólares para os refugiados sírios; que a China seja um país que envelhece rapidamente; que haja uma mulher de noventa e nove anos que tem mais flexibilidade do que uma jovem de vinte e três, por ter feito ioga a vida toda e que o fato de que o Twitter colapse se torne uma catástrofe ou que o racismo e a intolerância aumentem a graus intoleráveis ou que alguém tenha pouca mobilidade no braço esquerdo porque quebrou o ombro; que o dólar no México tenha alcançado níveis inauditos diante do peso e comece a oscilar de novo; que a dieta genética ajude a explicar a forma como os alimentos afetam os seres humanos; que possamos verificar o insuportável peso do ser; que Catherine Deneuve e outras mulheres se pronunciem naturalmente contra o assédio e a violação, mas que ela não aceite o clima extremo de censura que o movimento MeToo desencadeou; que Putin comece a se transformar no homem mais poderoso do mundo, que Jeff Bezos, o presidente da Amazon, esteja competindo com Bill Gates e esteja a ponto de se transformar no homem mais rico do mundo e que Carlos Slim perca terreno; que a dentadura do presidente dos Estados Unidos e seus apertos de mão tenham viralizado; que a inimizade entre sunitas e xiitas provoque guerras em toda escala; que um jovem de vinte anos, radicalizado, tenha matado sua mãe porque ela lhe suplicou que abandonasse o ISIS; que a equipe do geofísico mexicano Víctor Cruz Atienza explicasse, depois do terremoto de 19 de setembro de 2017, que ele teve um alcance destrutivo tão terrível devido a seu epicentro estar a cento e vinte quilômetros da Cidade do México e que o tremor se originou da placa oceânica de Cocos; que 2015 fosse o ano em que mais refugiados procuraram asilo em outros países; que os colibris reapareçam; que George G. Bush Junior não seja julgado como criminoso de guerra ou que a Arábia Saudita, o Irã, a Coreia do Norte estivessem a ponto de provocar uma nova catástrofe mundial; que os esquilos comam todas as plantas; que a Catalunha pudesse se tornar independente da Espanha daqui a alguns meses e que Rajoy seja incapaz de dominar a situação, tenha agido com incrível incompetência e que durante longo tempo não pudesse formar um novo governo; que a palavra hormigón tem quatro definições, mas apenas uma se refere à construção: a mistura de cinza e azougue (mercúrio) que uma vez purificada se usa para fabricar a argamassa que se mistura com o cimento e outros materiais; que seja preciso respirar com o abdômen para oxigenar melhor o sangue; que em Washington uma equipe de cientistas das universidades do Sul da Califórnia e da Flórida tenham conseguido criar uma sinapse artificial que simula o sistema nervoso do ser humano; que os familiares de Aylan Kurdi, o menino sírio que morreu afogado, chegassem ao Canadá; que os franceses estejam indignados porque se sustente, descontextualizando, que em um breve intervalo, durante os últimos meses, Emmanuel Macron gastou vinte e seis mil euros em cosméticos; que seja um acontecimento inédito que a infanta espanhola Cristina de Bourbon seja processada; que Andrés Manuel López Obrador renunciasse ao PRD e se aliasse ao PES; que Agamben declarasse que Deus não morreu e que o Deus atual é o dinheiro; que em todo final de ano se consuma comida desenfreadamente; que um discurso do rei Felipe VI tenha se transformado em um bolero que viralizou ou que tenham desaparecido treze assistentes depois de uma festa com políticos em Veracruz e que três delas tenham sido descobertas enterradas em uma fossa em julho de 2017; que Madonna chorasse duas vezes ao pronunciar umas palavras quando foi designada a mulher mais forte do mundo ou que Michelle Obama também tenha se emocionado ao pronunciar seu último discurso como primeira-dama da Casa Branca; que Primo Levi escrevesse: Não é lícito esquecer, não é lícito calar. Se nós calamos, quem falará?; que os Chapos sucedam uns aos outros e que esta asseveração seja uma metonímia; que haja jovens que descobriram que é possível produzir gasolina de baixo custo, utilizando lixo, e que só precisam de apoio do governo e nunca o obtêm; que o ex-chefe dos Zetas revelasse à PGR que ofereciam dois milhões de dólares mensais a Humberto Moreira para operar em Coahuila; que vendam bonecas mazahuas feitas na China; que a escoliose faça com que a coluna vertebral adquira a forma de uma serpente emplumada; que vários pesquisadores consigam filmar pela primeira vez dragões marinhos vivos e de cor vermelha ou que se consiga criar bolsas feitas com materiais comestíveis que, além disso, se dissolvem na água; que se assegure que o bom construtor sabe se edificar pois ergue a si mesmo e se vende; que quando a fadiga altera a respiração seja preciso fazer uma pausa; que Duarte e os outros Duartes e seus congêneres roubem que nem desaforados e nada aconteça; que é uma pena que Trump seja notícia; que no Peru o presidente Pedro Pablo Kuczynski, PPK, tenha decidido conceder indulto ao ex-presidente Fujimori na véspera do natal de 2017 e no México a professora Elba Esther Gordillo também tenha sido indultada uns dias antes; que alguma vez Orson Welles tenha sido magro e que in illo tempore e graças a sua imaginação um exército de marcianos nos tenha invadido; que Ana Orantes fosse a primeira mulher espanhola a denunciar em uma entrevista televisiva de 1997 os maus tratos aos quais era submetida pelo seu marido, pelo que ele a queimou viva treze dias depois; que muito frequentemente se acuda ao polissíndeto, figura retórica de construção que consiste na repetição de uma ou várias conjunções dentro de uma mesma frase ou texto com o fim de dar mais força ao que se expressa; que segundo alguns cientistas, a maconha pode combater um tipo de epilepsia infantil; que na Síria tenham capturado um líder do Estado Islâmico, ligado a um dos cérebros dos ataques em Paris; que no final de 2016 fossem descobertas mais de quarenta embarcações no Mar Negro, algumas das quais teriam mais de um milênio de antiguidade e que essa descoberta proporcionasse informação inédita sobre impérios e rotas comerciais do passado; que uma militar chamada Carrie fosse agredida sexualmente por soldados dos Estados Unidos; que por vários dias o México tenha voltado a ser a região mais transparente do ar; que depois de quarenta e cinco dias de gestação, milhares de tartarugas-oliva nascessem na praia de La Escobilla, em Oaxaca, o principal santuário de tartarugas do México; que 80% da riqueza do mundo esteja nas mãos de 1% de seus habitantes; que para celebrar o 14 de julho se dance todos os anos a valsa musette nas ruas de Paris; que Putin, El Assad e as potências ocidentais tenham destruído Alepo, que os crimes de guerra não sejam castigados; que tenha se praticado a tortura em Abu Ghraib e em Guantánamo; que o sítio arqueológico de Ollantaytambo seja maravilhoso; que uma coisa é a escoliose e outra a cifose; que os tecidos pré-hispânicos sejam impressionantemente belos, e a cerâmica erótica, extraordinária; que o verso de Sor Juana que diz ao pé da letra: Ouça-me com os olhos, seja uma variante de um verso de Quevedo: E escuto com os olhos, e que o da freira seja mais expressivo; que alguns celulares sejam tão lentos que a virtualidade se torna obsoleta; que a armada chilena liberasse uma baleia azul que atolou em uma praia; que as autoridades da Dinamarca proibissem a exposição fotográfica de nus Female Beauty por considerá-la obscena; que no dia 14 de fevereiro de 1506 fosse descoberto o grupo escultórico de Laocoonte e seus filhos entre os restos das termas de Tito, e que em 1905 tivesse sido localizado um dos braços originais em um antiquário, o mesmo que depois de várias restaurações errôneas foi reintegrado com sucesso à escultura em 1957; que Ivanka Trump pagou 36 mil dólares por uma pintura que um artista fez de seus posts no Instagram e que o pintor não queira saber nada dela e lhe devolva o dinheiro; que na Virginia, três dias antes do Natal de 2017, um casal fosse assassinado a tiros por um adolescente, indignado porque os pais tinham advertido sua filha de seu racismo extremo, depois que o jovem desenhou uma suástica na grama de seu jardim; que não exista uma palavra adequada em castelhano para traduzir a palavra inglesa impeachment, e que seja urgente pedir que se inicie um processo legal para destituir o presidente dos Estados Unidos; que um tipo de celular Android Galaxy tenha explodido e se proíba subir com ele nos aviões; que seja ou não verdade, como queria dom Pedro, que a vida é sonho e os sonhos sonhos são; que Lee Miller tenha sido correspondente de guerra e mulher durante um tempo de Man Ray; que a hipérbole neutraliza a hipérbole; que uma família branca tenha adotado uma menina negra em Massachusetts, por volta da década de setenta, e depois a trocasse por uma menina branca; que o chamado fracking ou fraturamento hidráulico possa provocar câncer e doenças no sangue; que o que eu penso, nem todos ou todas – correção política na linguagem – pensam; que um suicida tenha matado com uma bomba pelo menos vinte e duas pessoas no Paquistão e ferido mais de quarenta; que uma das mais emblemáticas imagens que circulam pelo mundo seja a célebre resistência dos jovens contra os tanques na Praça Tiananmen em Pequim; que haja mais de cem figuras retóricas e que muitas sejam variantes da mesma; que os estudantes oferecessem limões aos soldados que dirigiam tanques para amedrontá-los na greve de 68; que feliz por ter se aposentado, Leonard Cohen tivesse que voltar a cantar quando descobriu que sua amiga e agente, Kelley Lynch, o roubara e arruinara; que dom Erasmo Castellanos Quinto, professor de literatura universal na escola preparatória, organizasse na década de quarenta concursos de poesia, que os estudantes apresentassem canções de Agustín Lara como suas e que ele acreditasse ou fingisse acreditar; que ultimamente as pessoas estejam obcecadas com assuntos do coração, mas no sentido fisiológico mais do que no figurado; que as figuras retóricas tenham nomes muito complicados e que alguns pássaros no céu voem como se estivessem dançando; que embora pareça que o jornalismo se tornou obsoleto, o New York Times ressurgiu: em meados de 2017 tinha já 3,5 milhões de assinantes e mais de 130 milhões de leitores mensais; que tenham descoberto em Honduras um utensílio que provê água potável sem eletricidade a milhares de pessoas; que cada vez haja mais fossas clandestinas no México com cabeças e corpos dilacerados e que isso nos faça lembrar várias pinturas em que Salomé leva em uma bandeja a cabeça de São João Batista; que a Biblioteca do Congresso em Washington renuncie ao Twitter; que escrever pelo menos uma linha ou uma página por dia possa se transformar em outro livro; que em um museu de Roma se exibam restos de esculturas dos corpos dilacerados de vários imperadores; que finalmente tenha se descoberto porque o cabelo fica branco e porque há quem fique calvo; que várias pessoas tenham visto e ouvido Satchmo, Gene Krupa, Dizzy Gillespie, Chico Hamilton tocar e ouvido Ella Fitzgerald cantar; que nos anos sessenta do século passado os Mamas e os Papas, os Jefferson Airplane e os hippies fossem famosos; que a Monsanto tenha decretado desde 2017 que não seja mais possível plantar transgênicos em sete estados do México e que a Sagarpa tenha revogado sua licença por danos graves e irreversíveis à natureza; que tenha existido uma ficha policial precoce de David Bowie e que seus fãs continuem sentindo sua falta dois anos depois de sua morte; que tenham passado um documentário maravilhoso sobre Jimi Hendrix; que haja manifestações e manifestações e que disso dependa o que a manifestação significa; que Dolce & Gabbana crie oportunamente roupa para muçulmanas; que o México supere já os 122 milhões de habitantes; que Saura tenha filmado um belíssimo documentário sobre o fado; que vários cães policiais na China façam fila para receber seu alimento; que uns delinquentes espanhóis tenham mantido nu, sem água, em uma gaiola de três metros, a um de seus irmãos para ficar com sua pensão; que oito espécies de animais do México e do mundo tivessem que ser salvas em 2016; que Fujimori estivesse na prisão e sua filha Keiko tenha podido ser candidata à presidência do Peru; que a voz de Janis Joplin fosse extraordinária e se parecesse à dos cantores negros; que Putin se pareça com Stalin; que um antibiótico freie em ratos um câncer que já matou a 800 mil pessoas por ano; que um asteroide de grande tamanho tenha passado perto da Terra no dia 29 de dezembro de 2015; que seja necessário uma palavra que englobe as noções de mal e de bem, ao mesmo tempo; que em Paris cento e trinta pessoas fossem assassinadas em novembro de 2015; que Edgar Allan Poe dissesse: Sou escritor... portanto, não cordato; que homens armados assassinassem dois taxistas, pegassem vinte homens e incendiassem dois carros em Guerrero; que exibam naturezas mortas na exposição de De Rubens a Van Dyck no Museu de San Carlos; que logo se extingam no mundo os grandes mamíferos, e o que acontecerá quando não houver nem elefantes nem rinocerontes nem golfinhos nem baleias nem girafas nem dromedários nem tigres nem leões nem pumas nem jaguares nem linces nem burros nem panteras nem hipopótamos; que o museu mexicano de San Francisco descubra que 96% de sua coleção pré-hispânica é irrelevante ou falsa; que esquentar ovos em um forno de micro-ondas pode fazê-los explodir; que a compulsão de comprar dissipa a possível leveza do ser; que os hipopótamos podem ser perigosos porque esmagam as pessoas; que estar em situação de rua é uma hipocrisia da linguagem politicamente correta; que seja difícil entender o processo de etiquetamento no Facebook e que não se saiba por que se diz etiquetar nessa rede social; que fazer ioga fortalece a coluna vertebral; que tenha se postado, etiquetado, compartilhado, publicado, gostado, parabenizado a granel, particular e especialmente aos que diária, mensal e anualmente fazem aniversário, publicam, desaparecem, reaparecem, mandam links, que tenham se buscado pessoas, lugares e coisas, editado com frequência o perfil de frente e de perfil, enviado mensagens e links privados e públicos, que não se tenham criado grupos, mas administrado algumas cutucadas, recebido outras, bloqueado, sugerido mudanças, opinado, guardado, arrecadado, compartilhado, repartido, dividido, reservada e livremente, que existam viciados nas redes sociais, que haja usuários, imitadores de Banksy, que escrevem ou desenham nos muros virtuais, que não se criem álbuns, que se mandem fotos pessoais ou que se acrescentem dados íntimos, se solicitem, avisem, iniciem amizades, embora muitas pessoas não se conheçam, que tenham sido sugeridas mudanças, confirmadas solicitações, que as pessoas se divirtam, procrastinem e no ínterim se verifique que ocorreu um acontecimento fundamental em suas vidas, que se molhem ou não duas fatias de pão de centeio leve com sésamo (ou gergelim), marca Filler, em um par de ovos mornos, que se coma um canudinho recheado de cajeta, doce de leite ou manjar branco, e que agora, sim, de novo, as pessoas se dediquem ao trabalho fecundo e criador; que é difícil decidir se estamos melhor agora ou no tempo dos Bórgia; que em um livro de Julian Barnes se narre a vida de Shostakovitch durante a ditadura de Stalin; que um cabeleireiro japonês corte o pelo de um camelo e que nas ruas das cidades da Índia haja homens dedicados a cortar o cabelo ou limpar cera dos ouvidos; que já não haja confiança na situação econômica do país; que de cada sete pessoas no mundo um seja um emigrante, refugiado ou deslocado; que haja lugares onde uma arma é mais barata do que um livro; que nos primeiros três dias do ano de 2017, os mercados mundiais perderam 2,37 bilhões de dólares; que o arquipélago de Revillagigedo albergue quase setecentas e cinquenta espécies animais e que em 2017 tenha sido declarado parque nacional mexicano; que o prefeito de Colônia sugerisse às alemãs se afastar a mais de um braço dos homens para evitar que as violassem; que uns dias depois de terminada, uma gigantesca estátua de

Mao foi retirada do condado de Henan's Tongxu e que tenha custado quase três milhões de yuanes; que um soldado assassine um tenente depois de discutir o fracasso de uma operação no Valle de Chalco e que continue vivo o alerta de gênero porque assassinam diariamente mulheres no mundo e que na Cidade do México se registrem mais de seiscentas mortes até o mês de junho de 2017; que a pistola com a qual Verlaine disparou em Rimbaud tenha sido leiloada por muito dinheiro; que um quadro de Van Gogh alcance preços exorbitantes e que talvez Van Gogh não cortou a orelha ou que a inflação brasileira tenha aumentado de maneira vertiginosa ou que o medo da violência deixe sem médicos a serra de Chihuahua e que os serviços médicos tenham sido suspensos em ao menos cinco municípios; que o cardiologista argentino René Favaloro tenha inventado o bypass por volta de 1950 e que no ano de 2000 se suicidasse com um tiro no coração; que inventassem um dispositivo que simula o sexo oral; que o ministro da fazenda Videgaray aconselhasse ao presidente mexicano Peña Nieto convidar o candidato dos republicanos para o México e que esse fato tenha aumentado sua popularidade nos Estados Unidos, entre os mexicanos que ali residem; que a grana cochonilha, junto com o tomate, o jitomate, o milho, a abóbora, o chili, os feijões, o cacau, a baunilha sejam produtos originários do México; que o chefe da ONU advirta que o uso de bombas de fragmentação no Iêmen pode equivaler a crimes de guerra; que o ditador da Coreia do Norte tenha assassinado seu irmão, seu tio e vários funcionários de seu governo e que se divirta com sua equipe ordenando o lançamento de mísseis; que a precariedade do mercado de trabalho espanhol empurre 13% dos empregados a ter uma renda abaixo da linha da pobreza, uma taxa que na Europa só é superada pela Romênia e pela Grécia; que Egon Schiele, o grande pintor austríaco, tenha morrido muito jovem, na epidemia da gripe espanhola que assolou o mundo quando a primeira Guerra Mundial terminou; que Borges tenha estado a um passo do prêmio Nobel em 1965; que tenham destruído Alepo e matem civis, crianças e Médicos Sem Fronteiras e que se diga que tenha sido um desígnio explícito dos governos da Rússia e da Síria; que o Presidente Peña Nieto tenha informado acerca da prisão de Joaquín Guzmán Loera, conhecido como El Chapo, como se tivesse sido um triunfo seu; que há pouco tempo se celebrasse na minha casa uma falsa reunião proustiana, porque faltaram iguarias de Chez Fouquet e porque se tratou antes de uma versão Das verdureiras aos Verdurin e que, em compensação, se ouvisse depois música de cravo do menos famoso dos Bach, Wilhelm Friedemann, seu filho mais velho, ao invés de ouvir Wagner, como deveria ter sido feito, se os participantes tivessem sido bons proustianos; que em Jerusalém a carência de espaço para enterrar os mortos, acrescida às exigência da lei hebraica, tenha obrigado os arquitetos e coveiros religiosos a construir túneis para criar uma grande cidade subterrânea dedicada exclusivamente aos defuntos; que um membro do Al Qaeda tenha tentado sem sucesso explodir bombas em Madri, Roma e Nápoles; que uma mulher infértil tivesse trigêmeos depois de um tratamento de fecundidade; que tenha havido grandes deportações de imigrantes durante o governo de Obama; que um tigre tenha fugido de um circo situado no oeste de Paris e passeasse pela cidade sem provocar feridos, e depois fosse abatido a tiros; que a Arábia Saudita brigasse com o Irã; que Catherine Deneuve pergunte: Vamos agora queimar os livros do Marquês de Sade de La Pléiade? Vamos qualificar Leonardo da Vinci de artista pedófilo e apagar suas pinturas? Teremos de retirar os quadros de Gauguin dos museus? Destruir os desenhos de Egon Schiele?; que seja um deleite escutar o cravo bem temperado de Bach, interpretado por Edwin Fischer ou A arte de agilizar os dedos de Carl Czerny, o mestre Franz Liszt, em interpretação de Jean-Frédéric Neuburger, jovem e excelente pianista; que ao ser detido nos Estados Unidos um homem de oitenta e três anos e uma mulher de oitenta que transportavam noventa quilos de maconha alegassem que se tratava somente de um presente de Natal; que Walter Benjamin dissesse que sempre é possível o pior; que Riade tenha reagido de maneira furiosa diante dos turbulentos acontecimentos de meses atrás; que na Zona do Silêncio, na confluência de Durango, Coahuila e Chihuahua, cresçam nopales de cores arroxeadas; que tenha havido pelo menos vinte e três mortes por inanição devido ao cerco do governo sírio, como se leu em um comunicado de Médicos Sem Fronteiras; que sejam denunciadas perdas de mais de 3 bilhões de pesos transferidos ao Estado do México pelo governo de Peña Nieto; que se anuncie que depois de serem apresentados mais de cinquenta testemunhos de mulheres que o acusaram de agressão sexual, um juiz decidisse afinal acusar o comediante Bill Cosby; que em O morro dos ventos uivantes de Emily Brontë um de seus personagens diga: Nenhum livro? Como pode se virar para viver aqui sem livros, se me permite que lhe pergunte?; que a Procuradoria Geral de Morelos conte com suas próprias fossas comuns clandestinas onde enterram sem autorização e de maneira ilícita cadáveres que ninguém reclama, alguns dos quais não contam sequer com número de inquérito nem registro de remoção de cadáver; que é possível escutar todos dias sem se cansar cantatas de Bach, sonatas de Beethoven e valsas de Chopin; que uma embarcação tenha naufragado no rio Amazonas com cinco mil cabeças de gado cujo destino era a Venezuela e que todos os animais tenham morrido devorados por piranhas; que se viva, como Sebald diagnosticou, na era da destruição natural do mundo; que uma notícia que se lê no Facebook tenha likes, divirta, assombre, entristeça, chateie, seja indiferente, alarme, aterrorize, viralize; que alguém tenha lido de uma só vez todo este estado de indecisão e que nos tenha trazido à memória o que já tínhamos semiesquecido; que tenham decretado que engordar o Aleph seja um plágio, apesar de que Borges fosse quem escreveu Pierre Menard, autor do Quixote; que a palavra tropo se utilize às vezes como sinônimo de figura retórica ou que se defina em outras ocasiões como algo diferente, e que quando se proporcionam exemplos dos diferentes tipos de tropos se recorra sem exceção aos que se classificam dentro das figuras retóricas; que já não apenas não haja espaço para os mortos no IML de Guerrero, em Chilpancingo, mas que além disso não haja mais espaço nos cemitérios para enterrá-los; que ao ver a série televisiva dos Bórgia se advirta que foram muito cruéis e que os governantes de hoje não fiquem atrás; que Rulfo escrevesse que a doença e a dor escutam quando se fala com elas; que haja que pôr acento em algumas letras para evitar confusões semânticas; que na época dos descobrimentos e da conquista do continente, chamava-se de línguas os intérpretes e, por sê-lo, quer dizer uma língua, a Malinche fosse a figura exata da sinédoque; que seja difícil distinguir entre o que significa uma litotes e em ocasiões um quiasmo; que em maio de 2017 denunciassem Norberto Rivera diante da PGR pelo encobrimento de casos de abuso infantil; que se costuma imitar a Bartleby quando se decide e se proclama que se prefere não fazer nada; que Jane Austen dissesse que ninguém parece reconhecer quando é inoportuno; que Yasunari Kawabata tenha sido o primeiro Nobel japonês e nascesse em 1899, mesmo ano em que nasceram Vladimir Nabokov e Jorge Luis Borges, que nunca obtiveram esse prêmio; que um trem carregado com 200 mil litros de ácido sulfúrico tenha descarrilhado na Austrália; que uma misteriosa nuvem tóxica chegada do mar obrigasse a socorrer mais de cem pessoas no sul da Inglaterra; que um jornalista e ativista sírio seja assassinado na Turquia; que tenha havido inundações no Paraguai, no Uruguai, na Argentina e no Brasil e desabamentos na Colômbia; que as pessoas gostem do Facebook porque tudo fica no ar virtual ou nas nuvens; que a hipérbole neutralize a hipérbole; que as autoridades no México espionem os jornalistas ao invés de protegê-los; que não se tenha advertido antes que Morte sem fim de Gorostiza é um grande poema do Narciso negativo; que Minha luta de Hitler seja lido de novo massivamente nas escolas alemãs e se torne um best-seller; que dormir muito seja ruim, mas que mesmo assim dormir pouco seja ruim; que três galinhas d'angola, duas pombas e cinquenta águias-carecas tenham pousado em uma mesma árvore; que no Egito tenha sido encontrado o túmulo da ama de leite de Tutancâmon ou talvez de sua meia-irmã; que uma arqueóloga do INAH dirija a pesquisa da UNESCO sobre as ruínas maias submersas no lago Atitlán; que no México tenha morrido o homem mais obeso do mundo; que os policiais americanos tenham matado mais de mil civis em 2015; que um gato identificado por um chip volte para casa depois de sete anos de ausência; que se sinta falta no México de Luis Villoro, Tito Monterroso, Carlos Monsiváis, José Emilio Pacheco e Luis Cardoza y Aragón; que a reserva da biosfera El Pinacate, em Sonora, será campo de treinamento para a próxima missão a Marte; que o presidente turco Erdogan convencesse um homem a não se suicidar quando tentava se jogar da ponte do Bósforo em Istambul e em seguida tenha detido a numerosíssimas pessoas depois de um fracassado golpe de Estado, talvez autofabricado; que o geofísico Víctor Cruz Atienza demonstrasse que o terremoto de magnitude 7,1 que afetou a capital mexicana, no dia 19 de setembro de 2017, se comportou exatamente como seus modelos tinham previsto e que esse fato fosse fundamental para aportar informação fidedigna e útil para a população no meio da emergência; que se ensaie fazer a anatomia dos próprio ensaios; que Paul Celan tenha se jogado da ponte Mirabeau ao Sena e Virginia Woolf tenha se suicidado no rio Ouse; que as pessoas que menos aceitam que seus filhos sejam vacinados nos Estados Unidos sejam brancos, com boa educação e ricos; que Edgar Allan Poe tenha morrido de coma alcoólico como também morreu Dylan Thomas, que aqueles que frequentam o Facebook pensam que criar abas de navegação ou álbuns de fotos, compartilhar links ou solicitar ou aceitar amizades, compartilhar amigos em comum, publicar um pensamento profundo, assar cookies ou estudar as condições de privacidade na internet e nas redes sociais, reiniciar uma sessão, fazer a gestão de anúncio, buscar pessoas, lugares e coisas ou mandar uma mensagem, enunciar um pensamento profundo, dar umas cutucadas, mandar umas fotos, criar um grupo, buscar os possíveis melhores amigos, descartar outros, bloquear os inoportunos, por exemplo que declaram que o holocausto não existiu e os que escrevem movidos pelo ressentimento, parabenizar aqueles que fazem aniversário, publicam livros, dão conferências, dizem o que pensam, confeccionam álbuns, têm filhos, falam de seus pais, fazem festas, viajam, compartilham lembranças, mandam fotos, mudam de estado, ou quem sabe escrevem obituários e se lamentam pela morte de tantos amigos que foram morrendo como em pencas; que morrer morrendo vamos; que o jihadista Kokito de

Castillejos desse de presente a uma espanhola um cinto de explosivos no dia de seu casamento; que David Lynch pensasse que Francis Bacon é o maior pintor do século XX; que o Brasil seja, em 2015, o país onde mais transexuais são assassinados no mundo todo; que ao olhar os derrubados muros da pátria lembremos de Quevedo, um grande poeta, mas uma pessoa muito ruim; que será que desejo estar a par das notícias; que a morte já andava falando com seus personagens e com o próprio Rulfo; que se editará um perfil de frente, se mandará um gif, se escreverá um troll, se criará um meme e o vigésimo cartão de Natal; que uma pintura famosa, vendida por um colecionador judeu a um colecionador nazista, com o fim de escapar da Alemanha, tenha sido recuperada por seu bisneto; que a cifra de pessoas sem lar provoque uma situação de emergência em Los Angeles; que Kim Kardashian tenha devorado sua própria placenta; que estreie uma nova versão de Star Wars; que Johnny Depp tenha envelhecido, esteja falido e assedie suas mulheres; que várias escolas públicas fechassem em Los Angeles por ameaça de bomba; que atropelem um ciclista em Guadalajara; que por vezes as redes sociais corram o risco de se tornar um novo Big Brother, como o personagem que Orwell inventou em seu livro 1984; que se prediga que em 2030 os três pilares da humanidade que mais mudanças sofrerão sejam o corpo, o pensamento e o comportamento dos indivíduos; que na França se chame de uberização certas ações políticas; que o teorema matemático, durante muito tempo atribuído a Pitágoras, não fosse descoberto por ele mas pelos babilônios, que o precederam por mais de um milênio; que exista um novo regulamento de trânsito no ex-DF; que a Catalunha possa se separar da Espanha; que Andy Warhol fosse viciado em sopa Campbell por mais de vinte anos; que um tropo ou figura de significação seja um tipo de figura retórica que consiste no uso de palavras no sentido figurado, diferente do habitual, para descrever determinados conceitos; que Macri tenha começado seu governo impondo dois juízes na Suprema Corte de Justiça e que Peña Nieto tenha feito a mesma coisa; que as aspirantes a ganhar o concurso de Miss Peru tenham contado os feminicídios ao invés de anunciar suas medidas corporais; que tenha havido em 1932 uma manifestação antinazista em Berlim e mesmo assim Hitler triunfasse; que o desaparecimento de Santiago Maldonado na Argentina tenha causado um grande alvoroço e se fizesse nas redes sociais uma campanha denunciando-o; que as mulheres trabalhem mais e ganhem 24% menos do que os homens; que um italiano endividado tenha se incendiado na frente da casa de Berlusconi e que ele continue tendo possibilidades de voltar ao poder na Itália; que exista a telepatia e que o ex-DF tenha relativamente poucas áreas verdes; que um cúmplice dos autores do atentado de novembro de 2015 em Paris tenha sido detido ou que os filhos dos políticos exibam ostensivamente suas riquezas nas redes sociais; que se descobrisse que alguns microrganismos da Antártida devam, para sobreviver, compartilhar DNA entre as espécies; que a cidade sempre fique impossível porque o Natal se aproxima; que condenem a só um ano de prisão o russo nazista que matou um mexicano em Cancún; que além de ganhar menos do que os homens em seus trabalhos habituais, as mulheres tenham que trabalhar duplamente em suas casas sem que sejam remuneradas; que haja um leitor eletrônico que não detecte os cabelinhos brancos que nascem na cara e eles tenham que ser depilados com pinça; que poderia existir um túnel do inframundo sob a pirâmide da Lua em Teotihuacán; que tenham sido exibidas maravilhosas fotografias de Flor Garduño ou de Graciela Iturbide; que sejam perfeitas as lieders ou canções de Schubert; que George Pell, o responsável das Finanças no Vaticano, tenha sido acusado de atacar sexualmente crianças na Austrália; que as mulheres já possam votar na Arábia Saudita; que o dólar caia nos bancos mexicanos e suba na bolsa de valores; que um violador em série continue foragido no sul da Cidade do México; que o Talmude diga que os pais amam seus filhos e os filhos seus filhos; que é difícil que as dietas sirvam para emagrecer; que haja um caminhão texano nas mãos de jihadistas na Síria; que quando as notícias são lidas uma após a outra parece que tudo tem a mesma importância; que Casey Afflek tenha ganhado um Oscar e assediasse as mulheres trabalhando com ele; que haja uma senadora na Austrália que se pronunciou em uma sessão do Parlamento australiano enquanto dava de mamar a seu bebê; que haja reféns no Mali; que a maconha seja legalizada; que o terrorismo se torne incontornável; que sem importar qual dos diversos candidatos dos diferentes estados, municípios ou inclusive países ganhe, continue-se lavando dinheiro e traficando armas; que os narcorridos sejam proibidos e isso não sirva de nada; que se decrete a lei de transparência (duvidosa); que um novo tipo de detectores de ondas de gravidade possa ajudar os astrônomos a resolver o mistério de como os buracos negros evoluem; que o assédio sexual é um ato vergonhoso e imperdoável, mas a onda de denúncias que proliferaram recentemente propiciam um ambiente inquisitorial de novos Savonarolas; que Lenin tenha entrado em São Petersburgo às vésperas da Revolução russa; que já se possa comer salmão transgênico; que as cidades tenham artérias; que nas escavações para a nova linha do metrô de Roma encontrem uma excepcional casa do século II d.C.; que na compilação Poesia não completa de Wisława Szymborska haja um poema no qual se lê: Quando pronuncio a palavra Futuro,/ a primeira sílaba pertence já ao passado; que o El Niño revele dramáticas mudanças climáticas; que as malas inteligentes que avisam o lugar onde estão já sejam uma realidade; que pesquisadores da missão antártica australiana e várias universidades desse país afirmem que o derretimento na Antártida facilitará a expansão de certas espécies, algumas invasoras, às custas de outras endêmicas; que sejam decretados estados de exceção e seja muito revelador o documentário Não sou seu negro; que Arthur Conan Doyle fosse também fotógrafo; que Witold Gombrowicz dissesse: Estou impregnado de mentira até a medula; que os atentados terroristas se tornem cada vez mais numerosos e recorram a novos métodos de ação; que a polícia abatesse em Sevilha um javali que pesava mais de cem quilos; que se declare uma terceira ou quarta guerra mundial, embora, na realidade, a guerra já seja mundial, mas em pedacinhos, no Iraque, na Síria, na Nigéria, no Congo, na Venezuela, na América Central, no México; que talvez os Estados Unidos se separem em duas metades como durante a Guerra de Secessão; que voltem novas formas de fascismo e de nazismo, algo em que não acreditávamos e que agora começamos a acreditar de novo; que mais ou menos aos dois anos e meio os meninos e as meninas têm que controlar seus esfíncteres, que aos seis seus dentes de leite caem para que a fada do dente lhes traga presentes; que Cervantes tinha muito poucos dentes; que é tranquilizador ouvir a Patética de Beethoven; que no dia 30 de novembro de 1900 morreu Oscar Wilde, que Mark Twain nasceu nesse mesmo dia em 1835 e, em 1667, Jonathan Swift, ou que tenham encontrado a caixa preta do avião que se espatifou na Colômbia; que em Um homem que dorme Perec traçasse seu autorretrato dizendo: Tenho vinte e cinco anos, vinte e nove dentes e um livro sem ler; que no México e em quase todos os lugares do mundo sacrifiquem com enorme crueldade os animais nos matadouros; que as festas de Natal deprimam; que uma pesquisa realizada durante dezoito meses pelo New York Times provasse que as incursões aéreas dos Estados Unidos contra o ISIS mataram muitos mais civis do que se reconhece oficialmente; que o veneno dos ornitorrincos possa talvez curar a diabetes; que se possa esboçar a autobiografia do coração; que Rulfo definisse um louco dizendo que é alguém que foi pego por um redemoinho no campo que lhe removeu o pensamento; que nos hospitais vendam donuts, com um conteúdo altíssimo de açúcares e gordura poli-insaturada; que no Marrocos quinze jovens tenham contraído raiva por fazer sexo com uma burra; que no dia 30 de novembro de 2016 se iniciou o percurso das cinzas de Fidel Castro de Havana até Santiago de Cuba e que o New York Times tinha seu obituário preparado desde 1959; que na Bolívia tenha havido uma terrível seca e o aquecimento global possa exacerbá-la, que o burro mexicano, antes indispensável, está se extinguindo e que uma das causas seja que os chineses compraram numerosos animais dessa espécie; que recentemente Evo Morales tenha ficado doente; que o pessoal da limpeza da Casa Branca tenha pedido ajuda para combater a presença de ratos, baratas e formigas no recinto; que Trump tenha retirado os Estados Unidos dos acordos de Paris e decida bloquear as decisões tomadas nos organismos internacionais diante do aquecimento global; que devido ao intenso frio, as cataratas do Niágara tenham congelado; que Kafka dissesse alguma vez que, felizmente, a incongruência do mundo é de índole quantitativa, referindo-se ao estado abominável das coisas em geral; que certos animais machos tenham um osso no pênis e os homens, não; que às vezes o aeroporto da cidade de Puebla tenha que ser fechado por causa das cinzas que o Popocatépetl emite; que o Airbnb tenha oferecido hospedar os evacuados pelo furacão Harvey; que Sor Juana Inés de la Cruz nascesse ao pé de dois vulcões e que o vulcão de Colima produza exalações muito barulhentas que colocam em risco as populações das aldeias; que a campeã olímpica de tênis Serena Williams denuncie em uma carta a discriminação de gênero; que várias pessoas ficassem feridas durante a evacuação, por parte da polícia italiana, de centenas de refugiados em uma praça de Roma; que se todas as mães tivessem acesso a uma parteira um milhão de vidas poderiam ser salvas por ano, por exemplo, na África; que quando acordou, Tito Monterroso dissesse que o dinossauro ainda estava ali; que uma mulher fosse sentenciada à prisão em Oklahoma por ter se casado com sua própria mãe; que James Joyce estivesse em estado gozoso quando tocava piano e guitarra e que quando foi publicado o Ulisses tenha sido proibido por ser obsceno; que o estado do dólar e o cultivo do abacate sejam igualmente preocupantes; que umas crianças resgatassem uma tartaruga bebê que ainda tinha o cordão umbilical; que um loro repetisse Não atire, não atire, depois de matarem seu dono; que no dia 30 de dezembro de 1938, o engenheiro russo Vladimir Kosma Zworykin patenteasse o primeiro sistema de televisão; que Annie Ernaux escrevesse um livro chamado O acontecimento em que narra suas peripécias quando teve que abortar jovenzinha e que em numerosos países ainda haja muitas mulheres que sofrem por essa proibição; que Lord Byron contasse que várias vezes esteve a ponto de estourar seus miolos, mas que não o fez porque teria dado um grande prazer a sua sogra; que várias pesquisas recentes revelassem que a recuperação da camada de ozônio poderia demorar várias décadas mais do que o previsto, se não se freiam as crescentes emissões de diclorometano, uma substância química utilizada como solvente de tinta e para preparar compostos químicos para geladeiras e ares-condicionados; que uma criança morresse ao ser arrastada até um lago por dois jacarés que a devoraram; que seja falso que em alguns restaurantes de Tóquio se sirva carne humana e que o canibalismo também não é legal no Japão; que seja óbvio que o estado de cicatrização de uma ferida seja indispensável para sua cura; que depois de sete anos da descoberta das valas de San Fernando ainda haja inconsistências, como dez corpos sem identificar e oito detidos sem sentença; que sejam impressionantes as correções e marcas que aparecem nas provas de gráfica de Em busca do tempo perdido de Marcel Proust; que se diga que Dostoiévski escrevia seus livros para pagar dívidas de jogo e Balzac escrevesse mais de doze horas por dia e bebesse grandes quantidades de café; que alguns parlamentares pedem deixar sem efeito o direito à interrupção da gravidez que havia sido promulgado no Distrito Federal, antes de que fosse estado; que Olivia de Havilland já tenha completado cem anos e fosse irmã de Joan Fontaine com quem deixou de se falar desde que eram jovens; que nunca tinham sido feitas imagens com uma resolução tão alta como as da missão Juno no planeta Júpiter ou que Mankell morresse de câncer e que alguns de seus romances sejam excessivamente sentimentais; que quinze barcos de grande calado emitem mais óxido de carbono e sulfuro do que todos os carros do mundo juntos; que o príncipe Alwaleed diga que proibir as mulheres de dirigir carros prejudicaria a economia da Arábia Saudita; que guardas marinhos descobrissem uma tartaruga gigante enredada em pacotes que continham cocaína nas costas da Flórida; que para descansar do bláblábla dos políticos seja útil escutar Il trovatore de Verdi; que prendam muitos trabalhadores nos Estados Unidos por pedir aumento do salário mínimo; que Jean-Paul Sartre escrevesse A náusea e Jean Ferdinand Céline, Viagem ao fim da noite; que a enorme cratera reparada em um tempo muito breve no Japão tenha se aberto de novo e que a corrupção no México tenha provocado uma mortal; que tenha morrido em dezembro de 2017, aos noventa e quatro anos, Recy Taylor, a mulher negra violada por uma gangue de jovens brancos em 1944, caso que produziu um grande impacto e foi um detonante para organizar um dos primeiros movimentos americanos a favor dos direitos humanos; que em Ensenada se resgatasse em um tubo de ar-condicionado um cangambá; que estejam se extinguindo os grandes mamíferos no mundo e que logo serão lenda ou simplesmente fósseis, como os dinossauros ou os mamutes; que no dia 23 de janeiro de 2018 morresse aos cento e três anos Nicanor Parra e que Jorge Ibargüengoitia tivesse completado noventa anos nesse mesmo dia; que o PRI esteja batendo o recorde de governantes ladrões; que descubram uma serpente cósmica conectada a um buraco negro de nossa galáxia; que certos pesquisadores mexicanos tenham recebido medalhas de prata por ter inventado um biocurativo para queimaduras; que agora as pessoas prefiram ver séries na Netflix ao invés de ir ao cinema ou ver televisão; que ao ser capturado o Chapo Guzmán tenha dito que os chapos continuariam surgindo; que na estrada rumo a Puebla fosse encontrado o cadáver de uma mulher chamada Georgina, o 78° feminicídio acontecido durante este governo nessa localidade até o mês de julho de 2016; que a nova era geológica vivida pela Terra se chame Antropoceno; que Margaret Atwood escrevesse no jornal The Globe and Mail, em função de que se produzisse o movimento Me Too, que em tempos de intolerância, os extremistas ganham, sua ideologia se transforma em uma religião e quem não se acoplar a ela é considerado um apóstata, um herege, um traidor e aqueles que se encontram no meio são aniquilados; que Mikhail Gorbatchov, que começou o movimento conhecido na Rússia como Glasnost, diga que está sendo gestada uma nova guerra mundial; que na Paris da década de cinquenta ainda existissem as vespasianas, penicos públicos pintados de verde que deixavam aparecer os pés dos homens; que Cortés fosse chamado de Capitão Malinche; que no Colorado uma gazela tenha entrado em uma loja de doces, que o proprietário decidisse lhe oferecer chocolates e biscoitos e que meia hora depois o animal voltasse com toda sua família; que seja muito belo o provérbio otomi: toda água, todo céu, todo sangue chegam ao lugar de sua quietude; que Joe Arpaio, um promotor racista americano, fosse indultado apesar de ter torturado emigrantes de origem hispânica; que o Hamas declarasse que o decreto do presidente dos Estados Unidos, reconhecendo Jerusalém como a capital do Estado de Israel, abre as portas do inferno; que Bernal dissesse, quando se referia à Malinche, que ela era linda para ser mexicana; que tenha nascido um bebê de um embrião congelado há vinte e quatro anos; que uma muçulmana que protestava em silêncio fosse expulsa de um comício do candidato republicano dos Estados Unidos enquanto ele fazia sua campanha; que as abelhas estejam se extinguindo e os fascismos renasçam; que os camponeses maias atribuam a extinção das abelhas às manobras da Monsanto; que as enfermeiras de um hospital do Seguro Social trancassem um bebê em um armário porque chorava muito; que na Inglaterra o ópio vendido em pílulas ou em líquido fosse usado também para adormecer as crianças travessas, e que Coleridge, Thomas De Quincey, Arthur Conan Doyle e o único irmão das Brontë tenham sido viciados em ópio; que A vida tranquila de Marguerite Duras fosse traduzida para o espanhol por Alejandra Pizarnik; que cinco companhias aéreas mexicanas tenham sido multadas em 22,4 milhões de pesos por cobrar a primeira mala em voos aos Estados Unidos e ao Canadá e mesmo assim continuem fazendo isso; que faz muitos anos pensassem que Zsa Zsa Gabor ia morrer e decidissem embalsamar seu corpo e exibi-la; que tenham encontrado um método anticoncepcional que cancela a circulação dos espermatozoides; que haja emergências básicas e emergências emergenciais; que vários policiais de Honduras iniciassem, depois das eleições no final de 2017, uma operação tartaruga, alegando que eram do povo e que por isso não matavam o povo; que a sexta extinção está em curso e que ameace acabar com alguns dos mamíferos mais emblemáticos; que um novo ano tenha passado como um fantasma; que quando se escreve em um celular os dados andem de maneira insubordinada e independente; que uma central de reciclagem para transformar isopor em resina fosse inaugurada em Toluca; que os filhos de Trump cobrassem um milhão de dólares por uma recepção privada quando ele ainda estava em campanha; que a frase de Kafka, Me é impossível sair de mim mesmo, se pareça ao verso que inicia o grande poema de Gorostiza, Morte sem fim: Cheio de mim, sitiado em minha epiderme, e que Quevedo escrevesse um verso parecido muitos anos antes, mas não tão bom; que a discriminação salarial seja considerada uma grande violência de gênero; que os limites científicos e éticos serão postos à prova quando se consiga o primeiro transplante de cérebro humano; que o fotógrafo que documentou o assassinato do embaixador russo na Turquia em dezembro de 2016 tenha dito simplesmente: Uma vida desapareceu na minha frente e que esse assassinato tenha se tornado uma espécie de performance de arte conceitual; que o ex-governador de Zacatecas gastasse um milhão de pesos diários para promover sua imagem; que Denis Diderot assegurasse no século XVIII que: É tão arriscado acreditar em tudo como não acreditar em nada; que a imprensa israelense informasse que o sobrevivente do Holocausto Yisrael Kristal, identificado pelo Guinness dos Recordes como o homem mais velho do mundo, tenha falecido em agosto de 2017 com cento e treze anos; que a União Europeia e a China estejam dispostas a encabeçar o acordo de Paris contra a mudança climática; que em um cassino de Manila um atentado fosse perpetrado pelo ISIS; que Carl Jung tenha dito: A solidão é perigosa, viciante, uma vez que se adverte quanta paz há nela, não se quer voltar a lidar com as pessoas; que o musgo é o regulador hídrico por excelência; que Brecht decretasse que é preciso examinar o habitual e não aceitar sem discutir os costumes herdados e que Perec tenha inventado um gênero literário chamado infraordinário; que em Iowa uns vândalos destruíssem cinquenta favos e exterminassem cerca de meio milhão de abelhas; que as pessoas se perguntem se é democrática uma eleição na qual o voto popular não conta; que tenha sido descoberto um rio misterioso de ferro líquido no centro da Terra; que o cérebro possa se antecipar ao que o olho vê, afirmam cientistas; que haja uma aldeia no Japão onde os humanos que morrem são substituídos por bonecos; que o Instituto da Pirotecnia no estado do México tenha gastado 70% do seu orçamento de 2016 em serviços pessoais dos funcionários e que depois se produzisse um acidente em que morreram cerca de cinquenta pessoas, desapareceram outras tantas, ficaram feridas mais de cem e milhares sem trabalho; que em 2017 tenha falecido o escritor William Gass e a antropóloga Françoise Héritier; que seja urgente formular linhas de produção alimentar para evitar que o México seja somente um país consumidor de enlatados; que em Alepo, durante a guerra, as sírias se suicidassem para não ser violadas; que uma mulher branca tenha xingado uma mulher de origem hispânica dizendo a ela: volta para esse maldito lugar de onde você veio e que, como consequência, tenha sido proibida de pisar na loja de departamento J.C. Penney, na cidade de Kentucky; que uma francesa se surpreendesse que no México são vendidos cigarros nas farmácias; que as crianças de origem latino-americana peçam ao prefeito de Miami que não deportem seus pais; que as redes sociais favoreçam os narcisismos e a publicação de obituários; que tenha sido publicado pela primeira vez em espanhol o epistolário completo de Theodor W. Adorno e Gershom Scholem; que os Estados Unidos investiguem a aplicação geral da vacina contra o câncer de pulmão desenvolvida em Cuba; que o México tenha perdido em trinta anos um terço de suas selvas e um quarto de seus bosques para dar espaço às atividades agropecuárias e à expansão das zonas urbanas; que a Biblioteca Nacional de Paris esteja situada perto do Palais Royal e da Comédia Francesa; que as espetaculares imagens de Júpiter, conseguidas pela missão Juno, ponham em dúvida tudo o que se sabia sobre o maior planeta do sistema solar, onze vezes mais largo do que a Terra; que uma mulher submetida a um transplante de útero nos Estados Unidos desse luz ao primeiro bebê com esse procedimento; que Kafka tenha dito alguma vez: Suponho que adoro minhas cicatrizes porque ficaram comigo mais tempo do que a maioria das pessoas; que a metáfora seja uma figura retórica que consiste em identificar um termo real com outro imaginário; que no México, como na maior parte do mundo, se desperdicem diariamente toneladas de comida;

que o oximoro se contradiga; que afinal de contas Bob Dylan tenha escrito seu discurso para o Prêmio Nobel e recebido o cheque correspondente e que se diga que plagiou um dos fragmentos do seu texto; que mais pessoas votassem em Hillary Clinton e ainda assim o presidente seja Donald Trump; que as refeições de certos deputados de Jalisco tenham custado 1,9 milhão de pesos e outro milhão de pesos suas viagens e diárias e que não haja dinheiro para pagar os salários dos funcionários do Belas Artes ou do Instituto Nacional de Antropologia; que com cinza e papel, jovens mexicanos construam um material mais resistente do que o concreto; que os colibris continuem voltando: bom sinal e que os esquilos comam as plantas: ruim; que um homem receba um cheque de setenta e cinco dólares ao ser liberado depois de passar por engano trinta e cinco anos na prisão; que Wisława Szymborska contasse que um amigo lhe disse, voltando da Marcha da Morte, que em Auschwitz a grama fosse tão verde e que o Sol brilhasse sobre o céu azul; que a poluição do ar seja um dos maiores perigos para aqueles que habitam em grandes cidades; que o furacão Ofélia tenha invertido o sentido de um queda d'água na Europa; que os drones tenham se tornado um veículo idôneo para transportar droga entre o México e os Estados Unidos; que ao menos doze javalis selvagens fossem vistos no dia 6 de dezembro de 2017 na zona urbana de San Luis Potosí; que a degradação dos recifes no Golfo e no Caribe mexicanos tenha aumentado a partir da década de setenta do século passado; que Rita Levi-Montalcini, neurocientista italiana de mais de noventa e cinco anos, tenha ganhado o Prêmio Nobel por descobrir o fator de crescimento nervoso; que mesmo os melhores escritores possam soar bregas se são citados fora de contexto; que as cidades próximas do mar como Nova Iorque, San Francisco e outras correm risco de se verem inundadas pelo mar devido ao aquecimento global; que Borges tenha escrito um verso pouco feliz que diz assim: Quantas noites maduras se desgalharam sobre nossas testas, irmão; que se descobrisse em um arquivo texano um drama inédito da grande romancista americana Edith Wharton, escrito em 1901, e que Marguerite Duras encontrasse em um armário de sua casa de campo, muitos anos depois de tê-lo escrito, o manuscrito de seu livro La Douleur, e que um romance extraordinário do polonês Jan Potocki se chame Manuscrito encontrado em Zaragoza e Benjamin Constant dissesse que o manuscrito de seu romance Adolfo tinha aparecido abandonado em um quarto de hotel, e que se lembre com tristeza essa época não muito distante em que se escreviam cartas, se ia ao correio para depositá-las, depois de comprar os selos correspondentes; que em Ávila um homem morresse por consequência de ter sido atacado por abelhas e que a mesma coisa ocorresse ao personagem do filme de Theo Angelopoulos, O apicultor, cujo protagonista foi Marcello Mastroianni; que Bob Dylan dissesse: Estamos aqui desamparados, embora façamos todo o possível para negá-lo; que não saibamos o que fazer se um celíaco, um vegano, um intolerante à lactose e um hipertenso se sentassem à nossa mesa; que se pense em alguma coisa e logo se esqueça e não seja possível lembrar; que um médico francês tenha se surpreendido quando descobriu que as pernas de um nonato saíssem da barriga de sua mãe ou que Franz Kafka tenha dito: Eu, no entanto, não posso usar drogas para enganar minha solidão que é tudo o que eu tenho; que no deserto de Atacama tenha sido inaugurado o maior e mais exato observatório astronômico da Terra; que se confirme que até os grandes escritores escreviam algumas ou muitas frases ruins; que a Apple aceite que alterou as baterias de seus celulares para que as pessoas os substituíssem por aparelhos novos e que indenizasse por isso os consumidores; que os materiais compostos por carbureto de tantálio e carbureto de háfnio possam suportar temperaturas abrasoras; que um vídeo nos mostre a crueldade com a qual se matam os crocodilos para fazer bolsas Louis Vuitton; que segundo a revista Science as ondas gravitacionais fossem a grande descoberta de 2016; que o carvão e o petróleo tenham deixado de ser mais baratos do que as fontes de energia renováveis e que a exportação de abacate mexicano traga mais divisas do que o petróleo e as remessas dos imigrantes; que seja irremediável a mesquinhez do concreto diante das paisagens dos vales próximos a Tepoztlán, Malinalco, Tlayacapan; que se sublinhe a beleza de um provérbio maia: Todo sangue, toda água, toda Lua, todo Sol chegam ao lugar de sua quietude; que as vítimas de homicídio doloso no México tenham aumentado 66,9% de 2014 a 2017; que não se saiba bem por que Francisco Franco odiava os maçons; que um vereador de Tijuana enfrente processos por lavagem de dinheiro nos Estados Unidos, onde permaneceu detido até o início de 2017; que a humanidade tenha criado sua própria infelicidade ao inventar os compromissos sociais; que na Argentina, um preso por feminicídio tenha matado sua companheira durante uma visita íntima; que tenha morrido, em dezembro de 2016, aos noventa e seis anos de idade, a alguma vez muito famosa e bela atriz francesa Michelle Morgan, o grande amor de Jean Gabin; que o deserto de Atacama seja um dos lugares mais lindos da Terra; que a causa do naufrágio do Titanic não tenha sido um iceberg, mas um incêndio na parte inferior do transatlântico; que Ricardo Piglia tenha falecido no dia 6 de janeiro de 2017 e tenha deixado vários livros acabados antes de morrer ou que milhares de ovos de plástico, chamados Kinder, tenham sido deixados em uma praia do norte da Alemanha, talvez como resultado de um naufrágio, e que nos Estados Unidos, onde se podem vender livremente todo tipo de armas, eles tenham sido proibidos com o argumento de que são perigosos para as crianças; que seus professores dissessem de Alan Turing, o inventor de um dos primeiros computadores, que não foi um aluno brilhante; que a temperatura mundial continue batendo recordes ou que 2016 tenha sido considerado o ano mais quente da Terra e que 2017 tenha podido superá-lo; que Sviatoslav Richter interpretasse com grande brio a Apassionata de Beethoven e Glenn Gould tivesse gravado pelo menos duas versões das Variações Goldberg de Bach, nas quais o tempo de intepretação varia de maneira exorbitante;

que Jonathan Swift tenha dividido a humanidade em duas categorias diferentes, a dos idiotas e a dos espertos; que uma ameaça jihadista contra o Papa Francisco alarmasse o Vaticano; que vários médicos da Irlanda tenham confirmado que o mesentério, já descoberto e desenhado por Leonardo da Vinci no século XVI, sem que ninguém levasse em conta sua descoberta, é um órgão único no corpo humano; que é maravilhoso que ainda haja algo por descobrir, dentro de nós mesmos e no universo; que outra vez assassinem um jornalista mexicano, agora Cándido Ríos, que haja protestos e como de costume não aconteça nada; que o inventor americano Samuel F. Morse tenha levado a cabo a primeira demonstração pública de seu telégrafo no século XIX; que na Alemanha exista o chamado City Tree (ou árvore da cidade), estrutura móvel criada por um grupo de designers alemães que busca mitigar um dos problemas ambientais mais graves sofridos pelo planeta: a poluição do ar; que se publique que há vinte truques excelentes que farão com que não se usem mais sapatos da mesma maneira que antes; que se descubra que é possível levar uma vida relativamente normal com apenas meio cérebro; que embora estejam de frente em suas fotos de perfil, todos e todas sejam gatas e gatos no Facebook; que o tamanho da nova cratera do Popocatépetl seja duas vezes maior do que o Estádio Azteca; que as válvulas do coração ou artérias cardíacas se encontrem nos condutos de saída dessas cavidades, onde cumprem a função de impedir que o sangue flua em sentido contrário e que uma bebê nascesse com o coração fora do corpo e tenha sobrevivido a três cirurgias para lhe insertar com sucesso esse órgão dentro do peito; que no dia 6 de janeiro de 2017 tenha havido um tiroteio na seção de entrega de bagagens no aeroporto de Fort Lauderdale deixando pelo menos nove mortos e vários feridos; que Gregor Johann Mendel, brilhante naturalista austríaco, considerado o pai da genética moderna, tenha morrido no dia 5 de janeiro de 1884 e que os escritos críticos de María Moreno sejam notáveis; que se esteja exposto ao contágio de múltiplas bactérias quando se viaja no Metrô da Cidade do México; que em Chilpancingo, Guerrero, tenha havido tiroteios que duraram cinco dias consecutivos; que a gagueira mais severa se associe a uma redução muito grande do fluxo sanguíneo; que na madrugada do dia 12 ao dia 13 de agosto de 2017 tenha ocorrido a chuva das Perseidas; que a política atual pareça se concentrar em questões de alvenaria; que uma grande parte da classe política (e às vezes jornalística) do mundo não aceite relacionar as inundações e incêndios com a mudança climática; que um grupo de encapuzados irrompesse violentamente durante um protesto pacífico na praça de Monterrey; que a partir de 485 contas falsas tenham sido emitidos tweets para infundir medo durante as jornadas de saques ocorridas depois de ter sido anunciado o chamado gasolinaço do final de 2016 no México; que se chamem Soldados de Verão aos bombeiros florestais que apagam incêndios no mundo; que Walmart declarasse que em 2016 poupou milhões de dólares gerando um quarto de sua energia a partir de fontes renováveis; que um bebê nascido em um avião que se dirigia à Índia poderia voar grátis durante toda sua vida; que um grupo de delinquentes assaltasse um cruzeiro de luxo que percorria o rio Amazonas e os passageiros ficassem em estado deplorável; que tenham sido presos os assaltantes que despojaram em Paris Kim Kardashian de joias no valor de nove milhões de dólares; que fortes incêndios e inundações tenham assolado o sul da Califórnia; que a palavra pânico possa proceder do deus Pã; que fosse detida uma mulher em Moscou que passeava com a cabeça cortada de uma menina na mão, segundo informaram as autoridades, e que horas antes tivesse sido noticiado que o corpo decapitado de uma menor tinha sido encontrado em um apartamento de Moscou quando os bombeiros foram apagar um incêndio e que, segundo a polícia, uma mulher de trinta e nove anos a assassinasse, aproveitando que seus pais estavam fora de casa, tendo depois disso incendiado o apartamento e em seguida fosse presa na estação de metrô Oktyabrskoye Pole, no norte da capital, e que segundo um porta-voz do comitê de instrução russo, Yulia Ivanova, citada pela agência digital RBK, a detida fosse cidadã de um país da Ásia Central; que o México se encontre hoje entre os dez países mais violentos do mundo e que o que o lixo de Nova Iorque demonstra é que nos Estados Unidos prevalece a cultura do esbanjamento e do desperdício; que os bosques de algas gigantes se conheçam também como bosques de kelp, bosques de sargaços ou bosques de laminariales e que Jean Rhys tenha escrito Vasto mar dos sargaços e no México essas algas se desenvolvam principalmente nas costas da península da Baixa Califórnia, do Golfo do México e do Mar do Caribe; que talvez uns arqueólogos israelenses tenham descoberto a cidade perdida dos apóstolos de Jesus, Pedro, André e Felipe, transformada pelos conquistadores romanos na cidade chamada Julias, segundo o historiador Flávio Josefo; que pleonasmo possa ser o mesmo que redundância, quer dizer, o fato de utilizar duas palavras desnecessárias em uma oração e que descer para baixo ou o vi com meus próprios olhos sejam exemplos de pleonasmos; que quando George Washington tinha onze anos, seu pai herdasse dez escravos e quando morreu, cinco décadas mais tarde, contasse já com cento e vinte e três; que E o vento levou continue sendo um dos filmes mais belos do cinema americano; que meu pai tenha conhecido um homem com o sobrenome Kafka que vivia no México, que não estava nem aí para o seu parente e que considerava que escrever era uma perda de tempo e que esse Kafka talvez fosse um açougueiro ou um fabricante de lingerie ou que seria necessário verificar o que sempre se suspeitou: terá Putin lido Dostoiévski?; que seria interessante verificar se a queda na literalidade se transformou em uma doença contagiosa; que no Facebook se arquiva tudo o que se escreve; que tanto a democracia grega como a americana se basearam na escravidão; que Borges tenha escrito que o milagroso não seria mais estranho do que a morte; que em Santiago Atitlán na Guatemala haja santos vestidos com trajes indígenas; que o dólar, o clima, a política no México sejam a figura viva do oximoro; que às vezes até os gênios retuiteiam; que depois de um século de ausência, a Bela Adormecida comprovou estarrecida que sua barriga caía pesadamente sobre seus joelhos e que sua mastigação tinha se tornado mais lenta; que seja incongruente que as pessoas tomem banho todos os dias apesar da mudança climática; que em dezembro de 2017 no condado de Hertfordshire, Inglaterra, se ordenasse a retirada de todas as lojas e bibliotecas os romances de Agatha Christie porque suas heroínas desejavam se casar; que haja narcisos diminuídos, envergonhados, mascarados, intrigantes, narcisos simplesmente, intoleráveis, narcisos narcisistas, raivosos, enjoativos, diabéticos, iracundos, reiterativos, responsáveis, vergonhosos, insistentes, desafiantes, narcisos irresponsáveis, violentos, odiosos, insuportáveis, suportáveis, inteligentes, teimosos, autoritários, habituados, cultos, ignorantes, sábios, religiosos, onipotentes, irracionais, extremos, intolerantes, impacientes, estridentes, estúpidos, irônicos... narcisos miseráveis, sinistros, hipocritamente modestos, diabéticos, politicamente ou impoliticamente corretos, envergonhados, reiterativos, sangrentos, irônicos, estridentes, moscas mortas, lentamente persuasivos, ególatras (duplamente narcisos), perversos, malignos, intratáveis, ineptos, óbvios, carolas, recicláveis, perseverantes, biodegradáveis, falsos eruditos, misóginos, projetivos, obsessivos, histéricos, maleáveis, machistas, ineficazes, eficazes, feministas, melancólicos, agramaticais, repetitivos, superlativos, idiotas, brilhantes, galvanizados, condenados, absolvidos, desdenhados, desdenhadores, desesperados, leitores, ausentes, presentes, imperiosos, iminentes, superados, subordinados, subsumidos, entorpecidos, mimados, detestados, digitais, patéticos, doentios, totais, perfeitos, imperfeitos, irregulares, irreverentes, estereotipados, sádicos, masoquistas, vítimas, vitimários, verdugos, compassivos, edulcorados, intransigentes, ovídicos, sorjuanescos, anões e narcisas anãs; que a correção política tenha se tornado totalmente aberrante; que na Paris da década de cinquenta quase só circulassem os carros conhecidos como Deux Chevaux da Citroën; que haja infartos cerebrais, cordiais e na alma ou que Marcel Proust dissesse: A verdadeira viagem de descoberta não consiste em buscar novos caminhos, mas em ter novos olhos ou que Kafka decidisse que A história dos homens é um instante entre os dois passos de um caminhante ou que ele se salvasse de morrer em um campo de concentração porque ficou doente de tuberculose; que graças às redes sociais, Borges tenha se tornado um autor de aforismos; que a fuga de hidrocarboneto acabe com o ecossistema de Tecolutla, Veracruz, denunciam pescadores; que Cortázar dissesse: Confio plenamente no acaso de ter te conhecido; que já não agrade mais a uma porcentagem ampla da população o uso de animais com fins recreativos nos circos; que durante um tiroteio em Cuernavaca morressem um menino de dez anos e uma menina de doze; que um adolescente atacasse com um machado um professor judeu no sul da França; que Joe Biden, o vice-presidente dos Estados Unidos, escrevesse, ao deixar o cargo, uma mensagem muito simples a quem agora governa os Estados Unidos: Já é hora de você se tornar um adulto; que uns homens admitissem que não toleraram que uma mulher mandasse neles e que por isso a assassinaram, enforcando-a em uma árvore; que a emigração em massa para a Europa seja inevitável; que o imã de Ripoll predicasse em uma mesquita belga utilizando uma linguagem extrema e fizesse pensar em sua implicação nos ataques terroristas ocorridos em Barcelona em meados de agosto de 2017; que fazer civis passarem fome seja considerado um crime de guerra na Síria; que os policiais que atacaram os quarenta e três estudantes de Ayotzinapa poderiam ser postos em liberdade por falta de provas; que Messi tenha ganhado sua quinta Bola de Ouro; que um mexicano sem documentos tenha sido convidado de honra no último briefing presidencial de Obama; que se se utilizam frases fora de contexto de autores renomados se cai no jogo dos aforismos; que um adolescente tenha inventado um engenhoso código para salvar quem padece do coração; que existem muitos prazeres na cama e que a leitura seja um deles; que ir ao trabalho de bicicleta baste como esporte; que um irmão de Kim Jong-un, o ditador da Coreia do Norte, tenha sido assassinado na Malásia e que seu tio fosse provavelmente executado por uma matilha de cachorros; que David Bowie fosse um ícone da moda durante mais de quatro décadas; que se tenha encontrado um dedo de madeira que tem mais de três mil anos, fabricado por um hábil artesão para um dedo do pé da filha de um sacerdote egípcio, e que ele seja talvez um dos mais antigos tipos de prótese da história; que na

China se proíba escutar O messias de Handel em público; que a Paris da década de cinquenta fosse uma cidade escura, mal recuperada da guerra, mas de uma grande vitalidade e energia; que o ambiente de escrita de Jane Austen tenha sido um pedaço de marfim e um pincel muito fino onde inscrevia traços delicados que mal eram visíveis; que uma equipe de cientistas diga ter encontrado a primeira evidência direta de que o sistema imunológico ataca o cérebro dos doentes de Parkinson, hipótese quc fora formulada há cem anos; que o Papa lançasse uma mensagem no Vaticano a favor dos migrantes mexicanos; que homens armados tenham assassinado dois taxistas; que se descubra que uma bactéria pode refutar a hipótese sobre a evolução, amplamente aceita pelos cientistas; que o bispo Javier Echevarría, diretor do Opus Dei desde 1994, dissesse recentemente que os deficientes e subnormais são seres inferiores como castigo de Deus a seus pais pecadores; que o corpo nu tenha mistérios interiores; que Trump e Kim Jong-un tentem demonstrar qual dos dois possui o botão mais eficiente para provocar uma guerra atômica; que cientistas registrem pela primeira vez o estado das rotas migratórias de cento e dezoito espécies de pássaros; que na zona andina haja numerosas mostras de batatas totalmente diferentes umas das outras; que tenham havido erros e negligência médica durante o processo de anestesia que ocasionou a morte de um animal em um zoológico mexicano; que um líder social protestasse contra a polícia durante o governo de Javier Duarte no estado de Veracruz e recebesse como reposta um tiro de misericórdia no peito; que aumentem os cultivos transgênicos da chia e do milho no México; que o estado do caviar, da luz, da gasolina e das reformas educativas no mundo e no nosso país preocupem os políticos; que se tenha encontrado o petróglifo mais antigo da história em uma rocha da Nigéria: representa uma girafa paleolítica; que o Brasil lance um programa para devolver a seu estado natural a arara azul; que já se saiba que a habilidade das tartarugas para retrair o pescoço não é para se defender; que o telefone que Hitler usou para emitir ordens durante os últimos anos da Segunda Guerra Mundial fosse vendido em um leilão por 243 mil dólares; que um polvo brigasse com um caranguejo e que prestes a caçá-lo tenha sido devorado; que uma impressionante coleção de objetos nazistas fosse confiscada pela polícia argentina na casa de um colecionador de antiguidades em Buenos Aires; que se debata se os animais devam ter os mesmos direitos que as pessoas; que um soneto de Sor Juana na Wikipédia apareça junto com uma definição do que são as hemorroidas; que Gustave Flaubert tenha dito que A felicidade é um prazer que nos arruína; que em 2015 tenha se descoberto que havia água em Marte e que quando em 1956 os russos invadiram a Hungria uma senhora tenha dito em Paris ao ouvir a notícia: Que horror, daqui a pouco vão racionar a manteiga; que várias crianças tenham perecido por causa de uma bomba que estourou quando passavam por uma rua; que os afro-americanos se tornem vítimas de novo da violência policial em Chicago; que haja aqueles que se perguntem por que não se produzem movimentos de rebelião antirracista como os que houve nos Estados Unidos nos anos sessenta do século passado com Martin Luther King ou Malcolm X; que Fiona, a hipopótamo bebê do Zoológico de Cincinnati, tenha se tornado uma estrela como antes foram os pandas Bei Bei e Bao Bao no Zoológico Nacional de Washington e a girafa April em um parque de diversões de Nova Iorque; que os cientistas se perguntem se uma máquina pode ter consciência de si mesma; que George Orwell tenha escrito: Vivemos em um mundo no qual é impossível ser bom; que granadas e ataques suicidas de Boko Haram causem sessenta mortos na Nigéria; que Julio Iglesias e sua esposa Miranda celebrem seus vinte e sete anos de felicidade; que tenham dado a um homem de café da manhã no McDonald um hambúrguer infestado de larvas ou que resgatem um bebê sírio que se afogou, cujo corpo ficou encalhado em uma praia na Turquia ou que os cintos com explosivos usados nos três atentados terroristas que mataram cento e trinta pessoas no dia 13 de novembro passado fossem fabricados na Bélgica ou que descobriram gelo em uma pequena lua de Plutão ou que um condor tenha aterrissado em uma rua; que nossos governantes sejam uma ameaça pior do que Trump; que o alho ajuda a proteger nosso sistema imunológico; que vinte e cinco funcionários de Pemex tenham sido suspensos por roubar combustível; que Adele tenha estreado um vídeo intitulado Hello, que em 2017 tenha sido a vencedora do Grammy e tenha compartilhado seu prêmio com Beyoncé ou que Daniel Radcliffe falasse sobre a masturbação; que tanto os animais pequenos, como as abelhas, os escaravelhos e as borboletas, como os enormes, como as baleias, os rinocerontes e os elefantes, estejam em perigo de extinção e que eu não me canse de repeti-lo; que o Cantar dos Cantares se torne obsoleto porque a terra do mel e do leite da Bíblia esteja acabando; que a hipótese de que uma inteligência artificial seja capaz de melhorar a si mesma até se tornar independente do controle humano se chame Singularidade tecnológica; que a Monsanto possa se impor a governos do mundo inteiro; que condenem a vinte anos de prisão um ator que interpretou Jesus, acusado de violar sua filha de oito meses; que certos cientistas pensem que o estresse pode ter estado relacionado com a produção de ovos anormais dos tiranossauros; que os que pretendiam resgatar as vaquitas marinhas aleguem que não conseguiram fazê-lo porque eram necessários dias sem vento para localizá-las; que Trump se comporte como se acreditasse que aqueles que votaram nele o fizeram para enriquecer sua família; que a empresa Nike de sapatos esportivos tenha mandado sérias mensagens a favor da igualdade, da oportunidade e contra a discriminação; que o símil ou comparação seja uma figura retórica que consiste em comparar um termo real com outro imaginário que se assemelhe a ele e que, em sua estrutura, contenha os advérbios tal, qual ou tal como ou palavras similares; que uma mulher da terceira idade matasse seu filho com síndrome de Down para depois se suicidar; que não há modo de calcular o efeito que terá sobre a humanidade a presumível capacidade para se automelhorar que terão as máquinas com inteligência artificial; que as quedas d'água de Hierve el Agua em Oaxaca sejam assombrosas, estejam intactas e sejam praticamente desconhecidas; que duzentos ursos polares façam um piquenique sobre uma baleia; que os ucranianos e os russos se beijem na boca; que Caroline Herschel fosse a primeira astrônoma profissional e que no fim de seus dias tenha descoberto oito cometas e três nebulosas; que Karl Marx dissesse que a desvalorização do mundo humano cresce diretamente por causa da valorização do mundo das coisas e que Georges Perec ganhasse em 1965 o prêmio Renaudot por seu romance As coisas, em que o que Marx disse era demonstrado em um livro de ficção; que não seja um consolo que aconteça nas melhores famílias; que não haja meio termo entre a procrastinação ou a aceleração; que tenha sido presa a jovem que transmitiu no Periscope a violação de sua amiga; que o narco use estratégias de mercado similares ao Walmart, segundo livro do jornalista Tom Wainwright; que pássaros tenham formas e nomes maravilhosos na Nova Zelândia: ruru, keraru, tui, kaka, kaua, hihi, pokoki, kiwi, como são chamados os originários dali, de Kiwilândia; que durante o primeiro mês do governo do presidente Trump, os personagens que o rodeiam e ele mesmo tenham desenvolvido a mesma gestualidade, na qual as mãos e os dentes são protagonistas exemplares; que as causas genéticas do câncer de mama tenham sido elucidadas graças à descoberta de mutações em setenta e dois genes; que faz mais de cinquenta anos o escritor Isaac Asimov já tivesse imaginado a Multivac, um computador muito evoluído que ajudava os homens a resolver problemas tão difíceis como a maneira de conseguir a energia necessária para realizar viagens interplanetárias; que Rachel Carson, que encabeçou o movimento para proibir nos Estados Unidos a substância mortal conhecida como DDT, escrevesse: Aqueles que contemplam a beleza da Terra encontram reservas de forças que durarão até que a vida termine; que o circo Ringling Brothers tenha deixado de exibir elefantes e que nos circos do México também tenha acontecido isso; que em algum lugar se informou e não se saiba se é verdade que uma tigresa de plástico salvou três filhotes depois de que sua mãe fosse eletrocutada; que o escândalo dos ovos contaminados com um pesticida na Holanda tenha afetado dezessete países e milhões de consumidores; que de repente um cheiro maravilhoso de jasmim interrompa minha tarefa; que a república báltica da Estônia tenha passado de ser um satélite soviético para se tornar a meca tecnológica da Europa; que contra o estereótipo se diga que o amor é um sentimento de prazer que está no cérebro, não no coração; que seja comovedora a última foto de Robert Desnos no campo de concentração de Terezin, e que ele tenha morrido em 1945 de tifo exantemático, semanas depois da liberação do campo, doença da qual também morreu Sor Juana Inés de la Cruz em 1695; que o Chile esteja sofrendo um enorme dano ecológico pelos mais terríveis incêndios florestais de sua história, seguidos quase imediatamente por inundações; que mais de um quarto de milhão de emigrantes chegassem à Europa durante 2016, dos quais morreram mais de três mil; que em apenas umas semanas de sua gestão presidencial, Trump e seus capangas tenham violado os direitos civis mais elementares; que uma repórter inglesa tenha se submetido a choques elétricos para superar seu vício no telefone celular; que em outro conto de Isaac Asimov uma menina perguntasse a seu pai em plena viagem a outro planeta, enquanto sua família se afasta de uma Terra superlotada para se unir a outras colônias humanas: Como ligar de novo as estrelas?; que se comprove que depois de permitir por lei que os guardas florestais tivessem o direito de matar os caçadores furtivos, haja aumentado a cifra de rinocerontes na Índia; que para erradicar a violência de gênero seja necessário começar a falar do tema; que uma nova ilha surgisse de repente diante das costas da Carolina do Norte; que no México tenha havido tempestades tão fortes em junho de 2017 que grande parte da cidade ficou inundada e que em 1629 houvesse caído tal quantidade de água na cidade que durante cinco dias se circulasse somente em chalupas; que um pesquisador canadense tenha descoberto um filme em que Marcel Proust aparece no início do século XX em uma boda principesca, vestido como cavaleiro inglês; que a romancista Fumiko Enchi, que para Marguerite Yourcenar era a maior escritora de todos os tempos, recriasse com primoroso esteticismo, em sua obra Crônicas gloriosas, os mecanismos do poder nas antigas cortes japonesas e a importante embora escondida função que nelas desempenhava a mulher; que em Puebla já se fabriquem os carros Zacua, que são elétricos e feitos por uma empresa mexicana; que um dos acontecimentos mais extraordinários de 2017 tenha sido a descoberta de um novo continente chamado Zealândia, provavelmente diferente da Atlântida; que a kookaburra-risonha seja a espécie maior dos martins-pescadores, com 45 centímetros de longitude e, ao mesmo tempo, a menos pescadora destas aves, pássaro que ocupa todas as selvas abertas e bosques da Tasmânia e do leste e sudoeste da Austrália, onde caça insetos e lagartixas; que ouvir a Missa em si menor de Bach acalme; que o México seja o país americano com mais bens de Patrimônio da Humanidade; que com o sismo de setembro de 2017, edifícios que tinham sido construídos no século XVI e que tinham permanecido quase incólumes através dos anos sofreram danos, alguns de maneira irreversível; que Robert Bresson tenha tido uma carreira cinematográfica tão singular como pessoalíssima, na contracorrente de qualquer tipo de moda ou tendência e que sua influência sobre a Nouvelle Vague fosse fundamental; que o México seja o quinto país no mundo onde se praticam mais cesáreas, das quais várias não são indispensáveis; que as afinidade eletivas podem mudar; que haja cinquenta e oito desaparecidos e setenta e seis pessoas pelo menos tenham morrido pelo incêndio em Londres da Torre Grenfell, onde o revestimento exterior do prédio e o isolamento, colocados na reforma da torre em 2016, não passaram nas provas de segurança às quais foram submetidos durante a investigação, que o fogo tenha se originado em um curto-circuito ocorrido em uma geladeira e que essa catástrofe tenha incrementado a insatisfação contra a primeira-ministra, Theresa May; que o Japão qualifique como ato intolerável o lançamento do míssil norte-coreano sobre seu território; que Malcolm Lowry tenha escrito À sombra do vulcão e que numerosos editores tenham rejeitado seu manuscrito; que seja assombroso que os livros de Jane Austen se mantenham vigentes ao longo dos anos apesar de que seu âmbito de ação não supere os temas do amor, um punhado de famílias e umas poucas cidades inglesas; que na revista The Economist tenha saído uma reportagem em que se pergunta por que não há outro país onde se prenda tantas pessoas como nos Estados Unidos; que o cinema de ficção científica tenha muito exemplos de máquinas que se rebelam contra seus criadores: a máquina assassina de Terminator, os replicantes de Blade Runner ou a misteriosa HAL 9000 de 2001: Uma odisseia no espaço; que me surpreenda a diversidade das impressões digitais dos taxistas; que com seus noventa e seis anos Oskar Gröning, o contador de Auschwitz, será preso, por sua cumplicidade no assassinato de trezentos mil judeus; que em 1455 Johannes Gutenberg, o inventor da imprensa, tenha escrito a palavra coração 973 vezes na primeira Bíblia que imprimiu; que seja prazenteiro pronunciar as palavras: rótula, esterno, ísquios, perônio, clavículas, omoplata, escápula, úmero, carótida, esfíncter, ventrículo, fossa poplítea; que o indiano Maneesh Sethi, que inventou o Pavlok, dispositivo elétrico para curar o vício nos smartphones, o tenha chamado assim combinando a palavra shock com o nome do cientista russo Ivan Pavlov; que a metonímia consista na substituição de um termo ou de um vocábulo por outro com o qual guarda relação de causa e dependência, mas que essa figura costume ser confundida com a sinédoque, pois ambas se baseiam no mesmo fundamento, tomar a parte pelo todo, como quando dizemos: é dono de um Goya, ao invés de dizer que alguém possui uma pintura de Goya; que no México acabassem os estanquillos, bares de herança colonial, e que no lugar deles proliferem os Oxxos e os Seven Elevens; que Clarice Lispector fosse uma grande e belíssima escritora, cujas obras possam talvez serem mais bem lidas neste século; que se sustente que quanto menores forem seus testículos, mais abnegados serão os pais; que Madonna tenha sido contra a intervenção na Síria e não tenha servido de nada; que Salúa Rauda Chuker, a artista libanesa quase desconhecida que cultivou a arte abstrata no seu país natal, tenha acabado de morrer aos cem anos em fevereiro de 2017 e que a centenária artista cubana Carmen Herrera tenha tido sua primeira retrospectiva no Whitney de Nova Iorque, nesse mesmo ano; que se descubra que o atum amarelo pode provocar hepatite A; que a Suécia poderia contar com descansos para fazer amor no meio das jornadas de trabalho; que um homem fantasiado de Santa Claus assassinasse quatro pessoas em uma festa de Halloween, no Texas, e outro jovem matasse um a balas e ferisse seus colegas de escola em Kentucky; que fossem descobertas cartas de Jackie Kennedy a Orby, amigo de Jack Kennedy, embaixador da GB nos Estados Unidos, um pretendente que ela descartou, em que explica por que se casará com Onassis; que vão a leilão estátuas de Lenin e Stalin na Alemanha e não encontrem comprador; que se passe fome em países da África, como no Sudão do Sul, na Somália, na República Democrática do Congo (que é tudo menos democrática) e que muitíssimas crianças morram por causa disso; que a nuvem radioativa que se estendeu pela Europa faz uns meses possa proceder da Rússia; que se afirme que os governos de um país como México, que não conseguem tirar sua população da pobreza, enquanto 1% de seus habitantes acumulam mais riqueza do que o resto, são um fracasso; que se considere um erro recorrer demais ao pronome relativo que: não obstante, Quevedo o usava o tempo todo e Cervantes também; que uma das tragédias de Eurípides mais representadas seja Medéia e que a bela ópera de Cherubini com esse mesmo nome se conheça menos, embora haja uma magnífica versão interpretada por Maria Callas; que sejam boicotados os produtos de Ivanka Trump, mas seu perfume venda muito; que o Senado mexicano ameace os Estados Unidos de deixar de comprar deles 7,649 milhões de toneladas de milho; que seja encontrada uma adega com bens de Javier Duarte e entre eles uma caderneta de sua esposa em que escreve, como se estivesse praticando caligrafia, Mereço a abundância; que uma câmera de vigilância tenha registrado em um aeroporto da Malásia o assassinato de Kim Jong-nam, meio irmão do ditador da Coreia do Norte, que o Observatório de Dinâmica Solar tenha capturado a imagem do maior e mais escuro buraco do universo; que o editor de Notícias Breitbart, o jornal de ultradireita americano, tenha tido que renunciar ao seu posto por seus comentários sobre a pedofilia; que uma blogueira morresse quando estourou no seu peito uma lata de creme batida e que o golpe lhe produzisse um infarto; que muitos imigrantes mexicanos se arrisquem a morrer congelados ao tentar escapar dos Estados Unidos para entrar no Canadá; que seja impossível viajar aos sete planetas recentemente descobertos e anunciados pela NASA; que a decisão de Trump de retirar os guias sobre os direitos dos transgêneros deixa aberta a questão de se lhes é permitido ou não entrar nos banheiros das escolas ou que já se saiba por que as mulheres na Coreia do Sul serão as primeiras a superar a barreira dos anos de idade na média de expectativa de vida ou que seja impressionante o caso de uma mulher que ao ficar sabendo que sua filha nasceria sem cérebro tenha decidido dá-la à luz, esperando a possibilidade de um transplante ou que no Tinder os usuários possam ajustar suas preferências e escolher entre vinte e duas identidades sexuais diferentes e que, se não encontram o que buscam, podem acrescentá-la; que com quase vinte e dois anos dirigindo o sindicato de Pemex, Carlos Romero Deschamps continue vivendo no luxo mais ofensivo; que tenha havido sempre uma tradição ditatorial nas dinastias russas, sem descartar a atual; que Lula da Silva seja processado no Brasil por corrupção durante o governo de Temer, um dos brasileiros mais corruptos de seu país; que a cratera do asteroide que provocou a extinção seja coberto por um quilômetro de rocha; que dizer: suas mãos são suaves como o veludo seja um símile e já suas mãos de veludo seja uma metáfora e que outro símile entre muitos seria: teus olhos são como esmeraldas e, que, teus olhos de esmeraldas líquidas seria uma metáfora um pouco brega; que seja fácil entender, com uma empatia misericordiosa, que não é igual ir para a prisão a dormir em casa, como no caso de Urdangarin, o esposo da infanta da Espanha; que haja quem pergunte: Morrer, para quê?; que os homens de Neandertal tenham se extinguido faz quarenta mil anos, mas que continuam vivos em nosso genoma; que não se saiba qual é a pegada hídrica da carne que comemos; que nos primeiros meses de 2017 cerca de catorze mil haitianos e africanos se encontravam na fronteira norte do México; que não seja estranho que David Duke, um líder da organização racista americana Ku Klux Klan e simpatizante de Donald Trump, apoiasse por sua vez a candidata francesa Marine Le Pen; que Rex Tillerson tenha dito que é preciso parar o fluxo de armas que chegam aos Estados Unidos, mas que provavelmente antes seja o contrário; que os cientistas estejam a ponto de descobrir o enigma do código genético do resfriado; que a poluição do ar afete globalmente as taxas de nascimentos; que um professor de uma universidade americana tire uma selfie diária e que durante dez anos Georges Perec tenha ido periodicamente ao bairro onde nasceu para comprovar as mudanças que ali aconteciam e que depois escrevesse um livro com os resultados; que nos Estados Unidos uma criança de três anos matasse com um disparo sua irmã de um ano, que nos últimos cinquenta anos, as geleiras de Glacier National Park tenham perdido 85% de seu tamanho, de acordo com um novo estudo e que exista o projeto Memória do gelo para estudar e preservar as geleiras antes de que desapareçam pela mudança climática; que seja um drama o caso das crianças e mulheres imigrantes que se arriscam a morrer de frio para fugir da possibilidade de serem deportadas; que o maior exportador de armas no mundo sejam os Estados Unidos; que se tenha abatido quase completamente o paludismo na África, embora se produzam agora outras epidemias ainda mais mortíferas e de tipo semelhante; que se tirou da lista de animais ameaçados de extinção o chamado urso grizzly, habitante do Parque Nacional de Yellowstone; que se construam torres que limpam o ar nas várias cidades do mundo, com o objetivo de combater a poluição ambiental; que o hipérbato consista na alteração da ordem sintática considerada habitual e lógica das palavras de uma oração e que a hipálage ou comutação, uma das figuras retóricas preferidas de Borges, consista em aplicar a um substantivo um adjetivo que corresponde a outro substantivo e que um exemplo seria o verso de López Velarde: Um encontro de formigas nas minhas veias vorazes; que de novo haja havido um surto de ebola na África; que Kim Jong-nam tenha tido uma vida tão romanesca como sua morte; que o governo do Quênia culpe o turismo gay de um encontro sexual entre leões machos; que as pessoas gostem dos retweets; que para variar se ouçam cantatas de Bach ou depois as Variações Goldberg de Bach tocadas por Glenn Gould, a primeira gravação executada em 1955 e a segunda em

1981 e que entre ambas haja uma diferença de muitos minutos; que se notifique que no dia 6 de junho de 2017 um homem tentasse atacar com um martelo policiais na esplanada da catedral Notre-Dame em Paris e que muitos turistas ficassem presos no interior do templo; que se pode ler em O silêncio do corpo do escritor italiano Guido Ceronetti que no ponto culminante de seus arrebatamentos oratórios Hitler ejaculava: era o momento no qual a Multidão estava mais estreitamente subjugada a ele: Cumpria-se assim uma cópula monstruosa, um incesto não previsto pelos códigos sagrados. A multidão fecundada, grávida de demônios que demoram pouco tempo em sair de sua barriga. Assim se explica como um só homem pode ser pai de tanto mal; que Elias Canetti escrevesse um livro chamado Massa e poder; que os primeiros três planetas semelhantes à Terra fossem observados no Chile em 2016 pelo telescópio Trappist (siglas em inglês do Telescópio Pequeno para Planetas em Trânsito e Planetesimais), mas que só fosse em 2017 que a NASA encontrou um total de mais sete planetas em outro sistema solar; que um eclipse narrado na Bíblia pudesse ser o mais antigo já registrado e poderia reescrever a história; que um tweet seja equivalente a um gorjeio; que os alunos do Instituto Politécnico Nacional criassem um cereal de casca de melancia mais nutritivo que os comerciais; que tenham nascido tartarugas bebês nas ilhas Galápagos, acontecimento que não ocorria fazia cem anos; que detivessem uns trabalhadores que urinaram sobre os chilis que se enlatam na fábrica La Costeña; que o sábado seja às vezes quase tão interminável e desolador como o domingo; que sejam chamadas artérias coronárias as artérias que irrigam o miocárdio do coração e que se coloque um stent para alargá-las quando estão bloqueadas; que Borges tenha se tornado um autor que provoque comentários que viralizam ou que ele tenha se tornado um autor popular, embora não seja lido; que os terrorismos engendrem estados de exceção, título de um livro de Giorgio Agamben; que Billie Holiday cantasse Gloomy Sunday; que uns astrônomos chilenos descobrissem como calcular a massa dos buracos negros; que Vênus seja o planeta mais brilhante do sistema solar; que mais de meio milhão de emigrantes chegassem à Europa durante esses últimos anos, dos quais muitíssimos tenham morrido no caminho; que se avance a passos gigantes em direção a novas formas do fascismo; que em quatro anos tenha crescido em 94% o desaparecimento de mulheres adolescentes no México e que aumente na Alemanha o número das que sofrem mutilação genital; que o México tenha autorizado uma média de 24 mil residências temporárias ou permanentes a cidadãos dos Estados Unidos; que Simón Radowitzky, o anarquista russo preso na Argentina e idolatrado na Espanha, tenha terminado sua vida fazendo brinquedos no México ou que Grünewald, o autor do maravilhoso retábulo de Issenheim, tenha se tornado paisagista e fabricante de sabonetes quando, ao se tornar protestante, não recebeu mais encomendas para pintar nas igrejas católicas ou que Sebald tenha dedicado a ele um de seus primeiros escritos, um poema publicado post mortem, e que Grünewald representasse o Cristo do retábulo de Issenheim com tantas feridas que parecesse estar com sarampo; que a palavra hormigón em Yucatán designa uma formiga que em maia se chama say; que o melhor país para as mulheres seja a Islândia, onde também se reduziu a porcentagem de adolescentes viciados em álcool e drogas, apesar do clima tão extremo; que montes de roupa, plásticos, animais mortos, corpos humanos constituem o mar de lixo que boia entre Honduras e a Guatemala; que Jennifer López tenha estreado um vestido com mais de 120 mil cristais de Swarovski ou que as pessoas aprovem ou não o novo penteado de Shakira; que um dos objetivos principais do Facebook seja comunicar e difundir o estado anímico dos que facebookeiam; que em 2013 fosse eliminado o decreto que desde 1917 proibia que estrangeiros pudessem comprar terrenos nas costas do México; que os refugiados sírios na Turquia sejam presa dos traficantes de órgão ou as crianças imigrantes na Sérvia se prostituam para sobreviver; que as Ilhas Revillagigedo, majestoso santuário de vida marinha, esteja em perigo pela pesca ilegal; que seja chamativa a mão direita tatuada de Felipe Ehrenberg; que quando se lê o romancista Polleri se tenha a impressão de que o Uruguai é um edifício imenso onde só vivem loucos; que não se diga mais zoar mas trolar; que a queixa traz descrédito diz Baltasar Gracián; que George W. Bush declare que o poder corrompe e que a liberdade de imprensa seja necessária para a democracia; que se encontrasse em junho de 2017 um cemitério milenar de humanos e cachorros enterrados sob o Parque de Las Leyendas, o zoológico mais importante do Peru; que se diga que todos os homens da Coreia do Norte devem usar por lei o mesmo corte de cabelo que seu governante; que a histórica mesquita de Mosul e seu emblemático minarete tenham desaparecido do horizonte, depois de que jihadistas os explodiram, quando as forças iraquianas estavam a ponto de recuperar a cidade; que cientistas mexicanos descobrissem um novo ceratopsídeo em Coahuila; que tenha havido vinte feridos na primeira noite do carnaval de 2017 no Rio; que o sociólogo francês Jean-Claude Guillebaud dissesse que programas da maioria das emissoras da Europa naufragam na vulgaridade; que a NASA tenha anunciado em agosto de 2017 a assombrosa descoberta de um sistema solar com sete planetas similares à Terra e com condições de albergar vida; que a indústria do açúcar tenha ocultado por mais de cinquenta anos estudos efetuados com animais que sugeriam os efeitos negativos que a sacarose tem na saúde; que o serviço de inteligência da Coreia do Sul suponha que entre os suspeitos do assassinato do irmão do líder da Coreia do Norte haja vários trabalhadores dos herméticos ministérios norte-coreanos das Relações Exteriores e Segurança e que uma indonésia e uma vietnamita, já julgadas, fossem encarregadas de aplicar a ele o VX, uma das armas químicas mais tóxicas e de ação mais rápidas e que dentro desse composto se encontre o sari, gás lançado sobre a população civil na Síria, uma substância química capaz de matar em minutos, catalogada pelas Nações Unidas como arma de destruição em massa; que fracasse no México o programa para proteger e conservar as vaquitas marinhas; que o grande poeta Ossip Mandelstam, assassinado por Stalin, dissesse alguma vez: Só na Rússia se respeita a poesia: Existe algum outro lugar onde escrever poesia cause irremediavelmente a morte?; que também haja um dia internacional dedicado ao rim e outro à mulher; que provavelmente a Via Láctea possa estar repleta de mundos, em alguns aspectos semelhantes ao nosso; que na Cidade do México haja um feminicídio a cada quarenta e oito horas: em sete meses, a capital somou cento e um assassinatos e oitenta desaparecimentos de mulheres; que pela primeira vez no mundo um homem com queimaduras em 95% do corpo sobreviva graças ao transplante de toda a pele de seu irmão gêmeo; que o Sistema de Monitoramento Atmosférico reportasse uma inversão térmica a 3.300 metros de altura no Vale do México ou que com mais de trezentos votos a favor, oitenta e seis contra e dez abstenções, os deputados do PRI e do PAN aprovassem um corte de 50% do salário dos trabalhadores se sofrem alguma doença; que tenha sido detido o chofer de táxi que violou e assassinou uma menina e que anteriormente violara mais quatro jovenzinhas; que Pessoa escrevesse frequentemente frases como esta: Sou ruínas de edifícios que nunca foram mais do que essas ruínas, que alguém se fartou, em meio de construí-las, de pensar em que construía; que Nero tenha mandado incendiar Roma; que para combater a poluição se possa produzir combustível feito com café; que na Grécia e Roma clássicas já se observava que as feras têm testículos pequenos e colados ao corpo; que um aluno do método Alexander tenha dito: Se deixo de respirar, respiro, quando descobriu que a respiração é espontânea; que os sete planetas que acabaram de ser descobertos pelos astrônomos da NASA girem em torno de uma estrela muito diferente do nosso Sol, mas que provavelmente sua massa seja rochosa como a da Terra; que as fotografias do assassinato do embaixador russo na Turquia sejam espetaculares; que se restrinjam as liberdades individuais e os direitos humanos em muitos países do mundo; que ao que parece a União Europeia está a ponto de colapsar; que talvez devido às últimas votações alemãs de 2017, Angela Merkel tenha começado seu declive; que uma de cada oito crianças no México estejam desnutridas; que os formulários que devem ser preenchidos no Sistema Nacional de Pesquisadores estejam feitos quase somente para cientistas e que as humanidades não tenham mais lugar; que um organismo doente possa se curar mediante revoluções moleculares; que multem Jean-Marie Le Pen por qualificar os ciganos de fedorentos; que haja ameaças de bombas contra escolas judias em pelo menos onze estados dos Estados Unidos e que grupos de muçulmanos tenham contribuído para reparar os túmulos profanados de uns cemitérios judeus; que o comércio ambulante — dois milhões de pessoas no México — seja a consequência de políticas públicas mal aplicadas; que haja muitos capitais especulativos que aspiram investir no México; que a Organização Mundial da Saúde alerte que há vários tipos de bactérias totalmente resistentes aos antibióticos; que já quase não se usem dicionários, só Google e às vezes até o Twitter para buscar o significado das palavras; que se continue postergando a criação do Estado da Palestina; que se fechassem várias praças em Paris por uma praga de ratos; que em todo lugar se cozinhem favas; que o pai de um soldado que morreu durante o ataque dos Estados Unidos no Iêmen se negasse a se reunir com Trump; que nas redes sociais abundem haters profissionais ou que os elefantes durmam somente duas horas e os cientistas não o expliquem; que um vilarejo chamado Douglas esteja em vias de se tornar um vilarejo fantasma pelo êxodo ou pela expulsão dos mexicanos; que o decote que Charlize Theron usou na entrega do Oscar em fevereiro de 2017 fosse censurado por uma emissora iraniana; que assegurem que contemplar o voo das aves possa melhorar a saúde mental e que provavelmente por isso haja tanta gente que ame fazê-lo; que em Jalisco confirmem mais de quatro mil litros de hidrocarboneto roubado; que haja meninas-prostitutas em várias escolas do ensino médio no México; que processem a banda de rock U2 por suposto plágio de The Fly; que destruam mais de duas mil plantas de maconha em Zapopan; que se recorra frequentemente à paronomásia, figura retórica que consiste em empregar palavras com sons similares, mas de significado diferente; que Kim Jong-il, o pai do ditador da Coreia do Norte, Kim Jong-un, gastasse setecentos mil dólares por ano em conhaque e tivesse um exército de escravas sexuais; que encontrassem uma cabeça humana dentro de uma mochila em Zamora, Michoacán, ou que um jornalista alemão tenha sido decapitado pelo ISIS; que os escândalos de corrupção ocasionados pela Odebrecht toquem muito de perto a cúpula priista; que a polícia detenha um ônibus que percorria Madrid com uma mensagem contra os transexuais que dizia: Não se deixe enganar, os meninos têm pênis e as meninas têm vulva; que a Turquia tenha se tornado um lugar onde não se respeitam mais os direitos humanos; que haja capacidades diferentes e incapacidades mal resolvidas; que Agamben deduzisse que uma das lições de Auschwitz seria que é infinitamente mais difícil compreender o espírito de um homem ordinário do que Espinosa ou Dante, dedução que já tinha sido feita por Hannah Arendt no seu livro sobre Eichmann, A banalidade do mal; que um cachorro morda no rosto um menino com o qual brincava; que embora o saibamos é bom recordar que o Etna alcança 3.322 metros de altura e está situado na parte oriental da ilha da Sicília; que cientistas de Coahuila patenteiem novas resinas dentais de origem orgânica; que o tempo passe vertiginosamente, embora seja um lugar-comum e um fato real; que a Síndrome do Homem Lobo, a Síndrome de Sanfilippo e a Síndrome do Olho de Gato estejam entre as doenças raras e que se chame a criar consciência para encontrar tratamentos adequados para dar solução a elas; que mais de 150 mil porto-riquenhos tenham emigrado para a Flórida desde o furacão Maria em uma debandada que pode chegar a se tornar a maior onda migratória da história do Caribe; que o preço das marcas de cerveja artesanais suba muito; que o vulcão Etna entre em erupção e mostre espetaculares explosões incandescentes e emissões de cinzas; que usar a Wikipédia tenha se tornado um instrumento necessário para efetuar consultas de todo tipo e que seu criador avise que se não houver contribuições para mantê-lo logo parará de funcionar; que Arundhati Roy publique depois de vinte anos sem escrever ficção um romance novo e que ele seja indicado para o Man Booker Prize, prêmio que ganhou em 1997 com O deus das pequenas coisas; que os viajantes que descobriram no século XVI as terras mais meridionais do continente americano tenham nomeado algumas como a Ilha Estorvo, a Praia Inútil, o Cabo da Decepção e que o mais patético, o mais eloquente desses nomes seja o do Porto da Fome, chamado assim por Diego Sarmiento de Gamboa; que a flor da Jamaica seja melhor do que o cloro para matar bactérias; que saibamos bem que nem os grandes nem os pequenos inquisidores desaparecerão; que um deputado polonês europeu afirmasse que as mulheres devem ganhar menos porque são mais fracas e menos inteligentes do que os homens; que o fogo devaste a Califórnia; que o governo da Cidade do México pode decretar que os filhos cujos pais não têm uma relação estável não terão direito a pensão; que a mudança climática já seja um fato incontornável e que iluminem de verde vários edifícios emblemáticos de todo o mundo como protesto pela resolução dos Estados Unidos de se retirar dos Acordos de Paris; que em julho tenha havido 154 atentados terroristas com 744 mortos, a maioria em países muçulmanos e só um na Europa; que se encontre um fóssil de 3,77 bilhões de anos que poderia ser a chave para encontrar vida em outros planetas; que Paul Valéry dissesse: O futuro não é mais o que era; que muitos escritores tenham escrito seus livros em quartos de hotel: Truman Capote, Henry Miller, Vladimir Nabokov, Joseph Roth, Leon Tolstói e vários outros; que impressione a quantidade de anúncios nas redes sociais sobre a prevenção e cura dos joanetes; que na década de cinquenta em Paris, muitos taxistas eram nobres russos exilados e alguns espanhóis exilados pelo franquismo; que Liao Yiwu seja um escritor dissidente, autor de um livro memorável, O passeador de cadáveres; que encontrassem nos Estados Unidos e dentro de um container uma mulher de trinta anos encadeada como um cachorro; que se economizaria 0,0625% do orçamento dos Estados Unidos se se eliminassem os programas dedicados às artes; que seja bom saber que um casal da Geórgia que pertencia a organizações de ultradireita nos Estados Unidos irá para a prisão por ter ameaçado com armas de fogo um grupo de crianças negras reunidas em uma festa infantil; que na Hungria se tire do seu lugar a estátua do filósofo György Lukács, tão importante para os marxistas; que em quinhentos milhões de anos, Marte passasse de ter um ambiente mais cálido e úmido ao lugar frio e inabitável que é hoje; que a fáscia seja um tecido inteligente e sensível de cor branca que protege os músculos e os ossos e que até muito recentemente suas funções fossem desconhecidas; que dos músculos seja o redondo menor o que possa estar mais tenso; que os elefantes possam passar até quarenta e seis horas acordados; que o Peru aprove a imprescritibilidade dos delitos de corrupção contra o patrimônio do Estado e depois não leve em conta essa lei; que incendeiem um caminhão em Chiloé para protestar pela visita papal; que faz muito tempo fosse possível tocar o ar em Nova Iorque, de tão sujo que era; que nos Estados Unidos esteja permitido o uso e a venda de armas em qualquer lugar e que no Texas tenham legalizado seu uso para ir à escola; que o genocídio da Bósnia se baseou nas teses de Ratko Mladic sobre a pureza étnica como parte de uma ideia que misturava a ambição territorial com o racismo; que haja cada vez mais crimes de ódio no mundo; que talvez tirassem a imunidade de Marine Le Pen por utilizar fundos públicos para coisas privadas e que o fato de que Fillon fizesse isso a favor de sua esposa lhe causasse a derrota nas eleições francesas e que essas anomalias aconteçam o tempo todo aqui e nada aconteça; que Carson McCullers tenha dito alguma vez: Tudo o que acontece nas minhas narrativas me aconteceu ou me acontecerá; que o maniqueísmo esteja virando o jogo; que haja diferentes tipos de eclipse; que em uma das páginas do livro de Proust se leia que a felicidade tem uma vantagem, a de tornar possível a desventura; que as notícias diárias confirmem a ideia de Hannah Arendt sobre a banalidade do mal; que recentemente se lesse a notícia de que John Schardt, de dezessete anos de idade, assassinou dois jovens e feriu mais treze de uma escola do ensino médio da Califórnia e que depois de cometer os crimes com uma arma que encontrou em sua casa, filmou os mortos com uma câmera de vídeo, especialmente preparada para isso e que, quando os fotógrafos e entrevistadores da televisão chegaram, avisou a eles orgulhoso que os tinha poupado de parte do trabalho. Já na prisão declarou: Durante três dias fui um personagem famoso, hoje só me ligaram duas vezes da televisão, o que me decepciona, pois embora não aceite responder, me sinto importante quando me ligam. Estou me tornando de novo um na multidão, uma pessoa qualquer; que acusem uma vereadora de Coahuila de organizar espetáculos de strippers com sexo ao vivo; que a maior parte das armas compradas no Oriente Médio provinham dos Estados Unidos; que um grupo de artistas tenha decidido se dedicar a cobrir tatuagens racistas com desenhos novos sem cobrar; que é reiterativa neste livro a palavra que, o pronome invariável que substitui um nome ou outro pronome que configura seu antecedente dentro da oração principal; que a incidência de câncer colorretal entre as pessoas de mais de cinquenta anos aumentou de maneira alarmante entre aqueles que têm de vinte a trinta e quatro; que muito mais mulheres grávidas estejam fumando maconha; que encontraram vinte quilos de anfetaminas no porta-malas de um carro do Norte do México; que o que acontecerá se o mundo não conseguir frear o aquecimento global; que o significado de pleonasmo, também chamado redundância ou batologia, seja que o que se diz em uma frase já esteja explícita ou implicitamente incluído nela, como por exemplo: beije-me com os beijos de tua boca; que que grau de tristeza extrema pode impulsar alguém a fechar as cortinas do coração, como se canta em um tango?; que a retinose pigmentar seja um mal hereditário que provoca a perda da visão; que em uma interessante biografia de Wisława Szymborska se diga que seu pai tinha sido antissemita; que a linguagem politicamente correta possa originar caça às bruxas; que a Disney tenha feito um filme de desenhos animados com um personagem gay, uma cena de amor homossexual e um beijo inter-racial; que esteja a ponto de começar o turismo para a Lua; que os puquios ou buracos na forma de espiral, situados na região meridional do deserto do Peru ou região Nazca, sejam enormes desenhos feitos no chão, também conhecidos como geóglifos; que na Coreia do Sul se consumam cerca de cem milhões de cachorros por ano e no México pré-hispânico, os ixcuintles fossem também considerados um alimento refinado; que analisando a função das palavras, um computador possa identificar a forma indelével com a qual um escritor realiza sua escrita; que, de forma coloquial, as figuras retóricas recebam também os nomes de certos recursos literários, estilísticos, retóricos ou expressivos; que um dreamer tenha sido detido sem julgamento prévio, enquanto falava em uma manifestação contra as deportações; que um jovem latino invente um videogame que recria os perigos que seus próprios pais sofreram ao cruzar a fronteira dos Estados Unidos; que Cecilio Pineda, jornalista colaborador de La Jornada Guerrero, fosse assassinado em Ciudad Altamirano e que seja impossível não mencionar que são mais de cem os jornalistas assassinados nos últimos quinze anos no México; que em nove de dez casos dos massacres mais terríveis ocorridos nos

Estados Unidos, os que disparam têm antecedentes de ameaças, perseguições ou abusos físicos contra seus seres próximos; que o vice-presidente dos Estados Unidos Mike Pence usasse como Hillary Clinton seu correio eletrônico para assuntos privados quando foi governador; que Marichuy seja a única mulher indígena que se candidatou à presidência no México; que existem numerosas definições para a palavra metáfora, por exemplo, que é uma figura literária que consiste em descrever ou qualificar algo através de sua semelhança com outra coisa, definição que, para dizer a verdade, deixa muito a desejar; que o inimigo tenha que ser construído; que contratem um cantor acusado de violação para celebrar o dia da mulher; que um jovem de dezessete anos desenvolva um sutiã com biossensores e dados que detecta o câncer de mama; que uma estrutura especial para armazenar energia tenha sido construída pela primeira vez; que não se saiba o destino de 12,8 bilhões de dólares extraviados pelo governo mexicano; que centenas de nacionalistas brancos carregando tochas acesas até o campus da Universidade da Virginia confirmaram os temores dos residentes e funcionários de Charlottesville; que em tempos de Stalin assassinassem, levassem ao suicídio, ao ostracismo ou ao exílio os maiores poetas e intelectuais da URSS: Vsévolod Meyerhold, Anatoli Lunatcharski, Ossip Mandelstam, Isaac Babel, Boris Pilniak, Nikolai Gumilev, Marina Tzvetaieva, Vladimir Maiakovski, Vassili Grossman; que haja um refrão que diz: Nem tanto ao mar, nem tanto à terra; que as náuseas e o vômito aparecem quando há um 20% de álcool no sangue; que se invente um colete para proteger os astronautas das partículas solares no espaço que será experimentado na Lua; que acusem de antifeminista à jovem atriz Emma Watson por exibir seus seios na capa de Vanity Fair; que revelem a identidade do jovem que beijou apaixonadamente a filha de Barack Obama; que cresça a onda de violência contra prefeitos: no sexênio de Peña Nieto foram assassinados cinquenta e sete; no de Calderón, a cifra foi de quarenta e nove; que a China exija o pagamento de seiscentos milhões de dólares pelo cancelamento do Trem México-Querétaro prometido pela EPN; que excetuando a dos humanos, não haja sociedade mais complexa do que a dos elefantes; que em Palenque liberem onze guacamayas criadas em cativeiro; que assassinem ambientalistas tarahumaras e se violente e persiga no México e no mundo aqueles que protegem a natureza; que os camaleões mudem de cor e de forma com a mesma rapidez com que as pessoas trocam de roupa; que na década de cinquenta do século passado, a França ainda tinha colônias: Argélia, Tunísia, Marrocos e a França Ultramarina; que a antonomásia (latim *antonomasia*, grego ἀντονομασία, ἀντονομάζειν, nomear diferente) é uma forma particular de sinédoque e consiste em colocar o nome apelativo pelo próprio, ou o próprio pelo apelativo, definição, reitera-se de novo, que não esclarece muito; que Buda dissesse que há três coisas que não podem ser mudadas, o Sol, a Lua e a verdade; que se resgatasse uma águia presa dentro de uma casa em Colonia Narvarte; que um rato intruso semeie o pânico no metrô de

Nova Iorque; que um representante do grupo Atlacomulco tenha ganhado outra vez as eleições no Estado do México; que a cada Ano Novo os judeus cozinhem com maçã e mel para que o ano seja doce; que as abelhas continuem se extinguindo; que a Real Academia Española mudasse a acepção de sexo fraco e sexo forte em seu dicionário; que ainda exista o trabalho escravo; que Jane Fonda confessasse que quando jovem foi vítima de uma violação; que o Parlamento europeu tenha pensado que o americanos deveriam solicitar um visto para entrar na Europa e que quase 70% dos americanos acreditem que a mudança climática é uma ameaça real; que em um retrato de 1909, o poeta Ossip Mandelstam pareça quase idêntico a Kafka; que com o aumento do salário mínimo no México, talvez seja prudente se perguntar: pode uma família sustentar seus gatos com 88,36 pesos por dia?; que a Islândia mande vinte e seis banqueiros corruptos para a prisão ou que os migrantes subsaarianos sejam vendidos como escravos por traficantes em ao menos nove províncias da Líbia; que os hackers tenham roubado dados de milhões de clientes de Uber e que a empresa pagasse milhões para ocultá-lo; que os jornais roubados de John Lennon e dois de seus óculos tenham sido recuperados pela polícia em Berlim; que a mãe de Clarice Lispector fosse violada e contagiada de sífilis e tenha morrido muito jovem e paralítica; que Robert Mugabe renuncie à presidência do Zimbábue, após quase quarenta anos no poder; que Charles Manson, que acabou de morrer com oitenta e três anos, se auto-defina como mesquinho, sujo, delinquente e mau; que tenha sido descoberto um asteroide com forma de cigarro, um dos primeiros visitante interestelares em nosso universo; que a marca Nike crie lingerie especial para mulheres um pouco acima do peso; que vários países do mundo doaram dinheiro para criar fundos que compensem as medidas de Trump contra as organizações pró-aborto; que Nikolai Gogol tenha dito que o exemplo tem mais força do que as regras; que tenha havido ao menos dez mortos na Somália por causa da seca, durante as últimas quarenta e oito horas, hoje, dia 5 de março de 2017; que o sonho americano esteja desvanecendo e seja substituído pelo sonho canadense; que as ruínas de Palmira tenham sido quase totalmente destruídas pelo Estado Islâmico; que as pessoas que estavam dentro da Notre-Dame durante o atentado de 6 de junho de 2017 fossem retratadas com os braços para cima, seguindo uma ordem da polícia francesa; que pelo menos em três ocasiões, navios russos fornecessem combustível para a Coreia do Norte; que a Organização Mundial da Saúde anunciasse faz meses que o número de mortos se elevou a seiscentos e cinco e que já houve 73.700 casos de cólera no Iêmen; que um integrante do partido dirigente na Índia ofereça uma recompensa a quem decapitar a mais importante artista de Bollywood; que na China os homens estejam em situação desesperada por falta de mulheres; que o verdadeiro problema do ensino da matemática não resida nas crianças mas em quem ensina; que se torne um paradoxo que se assegure que a Suécia ou a Finlândia – dois dos países mais avançados do mundo – sejam os que têm as maiores taxas de violência contra as mulheres da União Europeia; que é escandaloso que clonem cartões em lugares públicos de grande reputação; que um homem tenha presenciado durante três horas como ardia uma árvore fulminada por um raio; que no romance castelhano, Nero de Tarpeya olhava Roma como ardia; que o vulcão Popocatépetl emitisse oitenta e três espiráculos de baixa intensidade; que um dos neurocirurgiões mais reconhecidos dos Estados Unidos se chame Alfredo Quiñones-Hinojosa e seja mexicano sem documentos; que tenha sido descoberta em Belize uma enigmática e bela peça arqueológica com inscrições que revela detalhes acerca da agonia da civilização maia, antes de seu colapso nessa região; que grupos ultras no Brasil desatem uma caça às bruxas contra artistas, professores, feministas e meios de comunicação, enquanto a extrema direita dispara nas pesquisas; que a Audiencia Provincial de Castellón condene a seis anos de prisão um homem por abusar sexualmente de sua neta de sete anos e gravar vídeos dela de conteúdo sexual; que Trump tenha arremetido contra o jogador da NFL que protestou contra o hino dos Estados Unidos e ficou de pé durante o hino do México; que andando por uma rua do Rabal em Barcelona se encontrasse jogada no chão e dentro de uma poça uma edição luxuosamente encadernada com pele do I Ching, com prólogo de C. G. Jung; que uma menina de seis anos explique que a ira é como a raiva, mas mais forte; que recentemente vários cientistas descobriram que os geóglifos do deserto de Nazca no Peru foram usados para identificar canais subterrâneos de água que conectavam esses buracos em espiral e faziam parte de um avançado e antigo sistema de aquedutos; que o promotor de Guerrero aponte diante dos habitantes para o deputado priista Saúl Beltrán como líder de Los Tequileros, organização criminosa que rouba gasolina; que foram descobertos numerosos restos de bebês enterrados em uma fossa de um convento na Irlanda, quando ali viviam freiras; que durante a Revolução Francesa entregassem da guilhotina diretamente à Madame Tussaud as cabeças que devia reproduzir em cera; que na Finlândia seja aprovado o plano de Renda Básica Universal; que no México, defender a água, o ar e a terra seja uma atividade que pode levar à morte; que Putin e Erdogan tenham destruído a imprensa livre e que Trump tente fazer o mesmo com vertiginosa rapidez; que haja um filme que documenta a extrema violência contra as mulheres e a população civil no Congo chamada Denis Mukwege, l'homme qui répare les femmes; que na Nigéria ao menos meio milhão de pessoas precise de comida, atenção médica, água potável e refúgio; que huachicolear queira dizer roubar gasolina; que as venezuelanas tenham que tomar decisões difíceis antes de se tornar prostitutas na Colômbia; que vários sacerdotes católicos alemães peçam o fim do celibato; que um bispo espanhol declare em um sermão que se tenha que tirar o voto das mulheres porque já estão pensando demais; que haja caixas de queixas no Twitter e que quase ninguém lhes dê bola; que um conto de Felisberto Hernández se chame Ninguém apagava as lâmpadas e que no México as luzes das cidades continuem perpetuamente acesas; que uma das consequências do indulto que o presidente peruano do PPK concedeu a Fujimori é que já solicitem o indulto para Abimael Guzmán, o líder do Sendero Luminoso; que se Trump eliminasse de seu vocabulário as palavras crooked (torto), overrated (supervalorizado), fake (falso), it's a disgrace (é uma desgraça) não teria nada para dizer; que a Cidade do México seja zona de desastre; que se cumpra um ano da morte de Juan Gabriel; que haja pesquisas que demonstram que há açúcar oculto na comida que ingerimos sem que suspeitemos; que em um zoológico de Copenhague matem uma girafa jovem e saudável, a dissequem em público e alimentem os leões com seus restos; que depois dos numerosos atos de protesto pelo aumento do preço da gasolina em todo país tenham fotografado o prefeito de Tijuana abastecendo gasolina em San Diego; que na The Economist do mês de maio se lesse que inventaram um anel que injeta na vagina ao mesmo tempo um remédio contra a AIDS e um anticoncepcional; que a NASA tente um operativo para diminuir o risco de erupção do grande vulcão Yellowstone que poderia cobrir de cinza oitenta e oito quilômetros a seu redor; que Raymond Roussel assegurasse: Nenhum autor foi nem pode ser superior a mim, que Foucault acreditasse nele, que Perec por sua vez fosse viciado em Roussel e este em Júlio Verne; que embora se anuncie que a qualidade do ar na Cidade do México seja aceitável, cada habitante amanhece diariamente como se tivesse fumado meio maço de cigarros; que um estudante da UNAM invente um purificador de águas cinzas que permitiria reciclar o líquido até cinco vezes; que o vulcão Popocatépetl emitisse uma exalação de 1.200 metros de altura com baixo teor de cinza; que o tubarão enguia habite o oceano faz oitenta milhões de anos; que um tesouro maravilhoso de mais de 2.200 moedas medievais tenha sido descoberto no sítio da Abadia de Cluny; que na década de quarenta o presidente Roosevelt tenha dito que era esplêndido que por só quinze centavos as pessoas nos Estados Unidos pudessem ir ao cinema e esquecer seus problemas; que Kafka tivesse morrido no dia 3 de junho de 1924 e que, nesse mesmo dia, mas dois anos mais tarde, tenha nascido Allen Ginsberg; que a abelha Bombus tenha sido declarada em perigo de extinção; que em 2016 os projetos avalizados pelo Conacyt tenham diminuído de quatrocentos e oitenta e um para trinta e dois; que no Museu das Ciências da UNAM tenha havido uma exposição chamada O mundo dentro de você, onde se mostra que há mais micróbios no nosso corpo do que estrelas na Via Láctea; que para Gérard de Nerval o sonho fosse uma segunda vida, que Michel Leiris tenha dedicado Noites sem noite e alguns dias sem dia a relatar seus sonhos, que Georges Perec, vários anos mais tarde, escrevesse outro texto, Boutique Obscure, em que narra também seus sonhos; que houvesse celebrações em toda a Austrália depois de que uma pesquisa realizada por correio demonstrasse que universalmente as pessoas aceitavam legalizar os casamentos do mesmo sexo; que uma cervejaria de Londres tenha conseguido transformar pão velho em cerveja artesanal para reduzir o desperdício de comida; que, como aconteceu com Hitler, não é um consolo saber que Trump cairá algum dia; que o principal ingrediente para preparar a salsa verde seja muito mais antigo do que os cientistas pensavam; que o que aconteceria se o nono planeta que parece ter sido descoberto pela NASA fosse um mundo solitário e capturado pelo Sol?; que a presidenta da Coreia do Sul tenha sido destituída em março de 2017; que não fosse muito sabido que Charlie Chaplin, além de grande ator, tinha sido um destacado boxeador; que uma eleição tenha tido como uma de suas ideias centrais a construção de um muro; que importe ou não importe que Putin tenha lido Dostoiévski; que o México esteja em risco de perder a força de trabalho dos jovens por falta de competência; que quando Trump gesticula se assemelha à série de pinturas que Francis Bacon fez do Papa Inocêncio X; que as figuras literárias se dividam em dois grupos: as figuras de dicção e as figuras de pensamento; que o esperma dos homens do Ocidente se debilitou; que o Japão tenha um dos níveis mais baixos do mundo no que se refere a crimes com arma de fogo; que durante uma noite uma linda Lua enfeitasse o firmamento da Cidade do México; que as vítimas da escravidão sexual caiam nas mãos de comerciantes que tiram seus passaportes e bloqueiam qualquer contato com suas famílias; que se estime que há em torno de dezessete milhões de moscas por cada pessoa no mundo; que os serviços de inteligência dos Estados Unidos suspeitem que a Rússia possui informação comprometedora sobre seu presidente; que Kafka escrevesse em seus diários as diferentes e numerosas maneiras como pensava que poderia morrer; que alguma vez Simone de Beauvoir escrevesse uma carta a Jean-Paul Sartre dizendo a ele que queria visitar o México e informando a ele, além disso, que tentava aprender espanhol; que entre as milhares de pessoas que assistiram ao congresso da Terra Plana nos Estados Unidos, um participante dissesse que considerar que a Terra é redonda é uma invenção criada por Satanás; que Zygmunt Bauman assegurasse que o sucesso do Facebook é estar baseado no medo de ficar sozinho; que em 2022 mudará o aspecto do céu; que em 2017, Juan Rulfo teria completado cem anos e que se afirme que suas fotografias estejam investidas de poder, profundamente inscritas na esfera religiosa e também no universo da superstição; que demitam um jornalista em Oaxaca por questionar a esposa do governador sobre um caso de desvio de recursos; que muitos esquilos roubassem mais de quarenta barras de chocolate de uma loja; que ao narrar seus sonhos, Michel Leiris os escrevesse de tal maneira que pareçam pinturas de André Masson, seu amigo íntimo e importante pintor surrealista; que os desmandos de Harvey Weinstein fossem o fator decisivo que permitiu que as denúncias de assédio sexual na indústria hollywoodiana fossem reveladas; que vários cientistas anunciem que partículas de hidrocarboneto são responsáveis pelas baixas temperaturas na atmosfera de Plutão; que de maneira espontânea e oportuna às vésperas do dia internacional da mulher, a estátua da liberdade se apagasse em Nova Iorque durante horas; que a lesma do mar mude voluntariamente de cor, da transparência ao cinza, passando pelo branco; que a Assembleia Constituinte da Cidade do México tenha tornado constitucional o reconhecimento do casamento igualitário; que seja o primeiro aniversário de morte de David Bowie; que a justiça europeia ordene que as meninas muçulmanas suíças vão à aula de natação mista na Suíça; que Zygmunt Bauman, o sociólogo da modernidade líquida, tenha morrido aos noventa e um anos; que o ex-governador de Aguascalientes, Reynoso Femat, seja condenado a seis anos de prisão; que, ao que parece, andar de bicicleta e montar a cavalo sejam ruins para a próstata; que nos muros de um convento no estado de Hidalgo descobrissem grafites que os monges utilizavam para evangelizar os índios no século XVI; que seja encontrado um raro tubarão pré-histórico de trezentos dentes em Portugal; que antes de que Mugabe renunciasse, a crise econômica em Zimbábue tenha chegado a tal extremo que com cinquenta milhões de dólares só fosse possível comprar batatas; que a atividade sísmica do mês de setembro de 2017 tenha provocado um colapso no rio Agua Azul e diminuído o fluxo na queda d'água com esse nome em Chiapas e provocado além disso a dessecação das famosas águas termais de Agua Hedionda em Cuautla; que a maior figura da Santa Muerte do mundo meça vinte e dois metros de altura e esteja em Tultitlán, Estado do México; que haja um misterioso terceiro elemento do núcleo da Terra que os cientistas acreditem ter identificado; que por fim se aprovasse o aborto no Chile em três casos; que Daniel Ortega, o sandinista que ajudou a derrubar os Somoza, governará a Nicarágua mais do que eles; que ao ler a frase jacta alea est se deverá entender que a letra J foi criada no século XIII e que em latim clássico se deveria dizer: Iacta alea est; que em um mercado tianguis situado a alguns metros da prefeitura e da polícia sejam vendidos diariamente centenas de litros de gasolina roubada; que um camponês peruano iniciasse uma batalha legal contra um gigante da energia ao qual acusa de derreter geleiras que agora ameaçam inundar seu lar e que surpreendentemente poderia ganhar; que pelos menos três pessoas fossem assassinadas e dois meninos feridos em um tiroteio ocorrido em uma cidadezinha do Norte da Califórnia e que em Wisconsin aprovassem uma lei que outorga o porte de armas a crianças de dez anos; que se invente na Suíça uma máquina que pode absorver CO_2 da atmosfera e transformá-lo em um produto; que não existam provas de que determinadas bebidas possam ajudar a prevenir a obesidade; que Jorge Semprún tenha escrito: Não há espelhos em Buchenwald. Via meu corpo, sua magreza crescente, uma vez por semana, nos chuveiros. Nenhum rosto, sobre esse corpo irrisório; que haja personagens que sempre sorriem nas fotos; que é difícil entender uma sociedade em que as cadeiras de uma escola sirvam para reservar espaços de estacionamento mais do que para estudar; que Kazue Muta, uma professora da universidade de Osaka, sustente que A bela adormecida, Branca de neve e outros contos de fadas sejam na verdade e de maneira encoberta uma incitação a atos obscenos; que com o salário mínimo vigente no México unicamente seja possível comprar 33,5% dos quarenta alimentos da cesta básica; que seja uma tragédia ser mulher na Índia: se os segundos filhos são do sexo feminino, obrigam a mãe a abortar ou assassinam as meninas assim que nascem; que as casas de penhores aumentem sua atividade na chamada cuesta de enero, um momento do mês de janeiro em que as tarifas aumentam e as pessoas estão endividadas por causa das festas; que Agatha Christie tenha padecido de uma timidez intolerável, miserável e inevitável; que a música que vários compositores escreveram fosse para que os jovens aprendessem a tocar um instrumento e que esses compositores fossem Bach, Scarlatti, Pergolesi, Telemann, Handel, Mozart, Haydn, Beethoven, Schubert, Schumann, Chopin, Brahms; que tenha havido quem clonasse cartões de quem mandava dinheiro para ajudar as vítimas dos terremotos de setembro no México; que enquanto as autoridades estatais pediam vinte dias para tentar resolver o problema do desvio do leito do rio Agua Azul em Chiapas, o povo resgatou e salvou as quedas d'água em um só dia; que Clarice Lispector tenha se perguntado: Sou um monstro ou isto é ser uma pessoa?; que uma nova técnica radar desenvolvida pela NASA permitisse localizar duas naves espaciais perdidas na Lua; que um ex-membro dos Zetas declarasse que pelo menos trezentas pessoas no norte do estado de Coahuila foram desaparecidas em ácido, desde 2011; que Bernie Sanders assegure que a avidez corporativa está destruindo a economia americana; que o livro preferido de Steve Bannon seja O campo dos santos do escritor francês Jean Raspail, em que se fala da necessidade de exterminar os índios e evitar que se extinga a raça branca; que deveria ser proibida a utilização perpétua do diminutivo em consultórios, laboratórios e hospitais; que se abomine ou se aceite a linguagem politicamente correta; que um voo que decolou de Aukland nas primeiras horas do dia 1 de janeiro de 2018 chegasse no Havaí no dia 31 de dezembro de 2017; que uma confeitaria de Oregon, Estados Unidos, tenha recebido uma multa por rejeitar fazer o bolo de casamento de um casal gay; que dizer deficiência visual ao invés de cegueira seja, além de pretensioso, redutor; que no México tudo se saiba e nada aconteça; que seja difícil decidir o que é mais lindo: ver as raias pulando sobre as ondas do mar ou assistir a uma corrida de camelos; que em trinta lugares do mundo o roubo de gado se penalize mais do que o assédio sexual às mulheres; que um político chamado Héctor Astudillo declarasse: Não são tantos mortos, quando abriram uma fossa em Copanatoyac com quatorze corpos; que março seja um mês maravilhoso porque florescem os jacarandás e também os colorines; que Louis-Ferdinand Céline dissesse que com as moscas não se discute, é preciso esmagá-las e pronto; que a associação Data Cívica tenha conformado uma base de dados de pessoas desaparecidas diante dos mais de 32 mil casos sem resolver; que Alberto Moravia assegurasse que Pasolini foi o poeta mais importante da segunda metade do século e Eugenio Montale, da primeira; que em 1583 o físico alemão Georg Bartisch publicasse o primeiro manuscrito com ilustrações sobre desordens oftalmológicas e cirurgia ocular; que o vinho seja quinze mil anos mais velho do que se pensava; que o México seja líder em produção de mamão papaia a nível mundial; que no Dia Internacional da Mulher muitas escolas fechem suas portas e que seria importante como ato um dia internacional sem participação das mulheres, como já tinha sido proposto por Aristófanes em sua Lisístrata; que o Governo atual dos Estados Unidos decrete separar de suas família crianças que cruzem ilegalmente a fronteira; que na Colômbia e em outras regiões, a prostituição de menores seja muitas vezes um ato de cumplicidade entre criminosos e pais dos afetados; que os mísseis lançados pela Coreia do Norte tenham sido simples exercícios de prova para ameaçar bases americanas no Pacífico; que a mãe de Marguerite Duras a prostituísse e ao mesmo tempo lhe enumerasse regras para o bom comportamento de senhoritas decentes; que um mexicano ganhasse uma aposta em um concurso televisivo que consistia em beber um litro inteiro de tequila e que morresse como consequência disso; que se afirme que com dados obtidos durante a semana quarenta e dois de 2017, 1042 mulheres vivem com diabetes tipo 1, comparado com os 964 casos do lado masculino; que o braço direito de um governador mexicano tenha uma enorme fazenda com um zoológico, cento e trinta e seis automóveis e um lago artificial construído por uma companhia imobiliária favorecida pelo Estado; que Nadezhda, a viúva de Mandelstam, escrevesse um livro chamado Esperança contra a esperança, depois de que Stalin mandasse assassinar seu marido; que a palavra pingüe soe bonita; que se sustente que cento e dez soldados se suicidaram desde que começou a guerra contra o narco no México; que graças ao túnel Mixcoac um transcurso de quarenta minutos poderá ser realizado em cinco; que uns pássaros que têm os pés azuis dividam de maneira igualitária e exemplar os cuidados de sua prole; que continue a violência em Guerrero; que um menino de três anos que brincava com as bocas de um fogão causasse o incêndio que matou doze pessoas em um prédio do Bronx em Nova Iorque; que encontrem em Chilapa onze bolsas com corpos desmembrados; que se possam medir os problemas do México de acordo com os preços atingidos pelos limões e os abacates; que um comando armado levasse duas médicas de uma clínica em Tihuatlán, Veracruz; que uma investigação confirme que a horchata natural é afrodisíaca e saudável; que se inicia uma campanha de hidratação para os cachorros de rua durante a temporadas de calor; que a misoginia seja mais forte do que as ideias políticas; que caçadores furtivos tenham assassinado Satao II, um dos elefantes mais antigos e emblemáticos sobre a Terra; que a Índia limite a quarenta mil o número de visitantes diários ao Taj Mahal para controlar o elevado número de pessoas que comparecem ao monumento; que o faturamento de empresas fantasmas no México chegue a 900 bilhões de pesos; que o avô de Donald Trump estivesse a ponto de ser deportado; que para salvar seus adorados esquilos vermelhos, os britânicos pensam em aniquilar os invasivos esquilos que provêm dos Estados Unidos; que apesar das súplicas de uma mãe americana para que não fizessem isso, venderam uma arma para sua filha, retardada mental, com trágicas consequências; que um estudante mexicano desenvolvesse drones para utilizá-los em infraestrutura, segurança e agricultura; que Jazmín Contreras, de dezenove anos, fosse assassinada por colegas de trabalho que lhe deviam dinheiro; que em 2016 fosse superado o recorde turístico no México pela visita de 35 milhões de estrangeiros; que uma tartaruga albergasse em seu ventre mil moedas que a impediam de nadar; que a maior parte dos diretores de museus no mundo sejam homens; que o sistema de metrô no México que transporta diariamente milhões de passageiros esteja em risco pela falta de manutenção; que tenham sido encontrados duzentos e quarenta corpos nas fossas de Santa Fe, Veracruz, com cadáveres de homens e mulheres entre catorze e vinte e cinco anos; que os cientistas criem o primeiro embrião artificial a partir de células mãe; que como seria possível acabar com a apatia dos americanos diante da violência; que a Espanha denuncie ingerência internacional na Catalunha; que os mexicanos vejam Netflix no transporte público e no telefone de outras pessoas; que mais de duzentos delinquentes foragidos tenham sido presos este ano na Argentina ao ir ao estádio para ver seus jogadores favoritos; que encontrem o corpo de uma jovem espancada até a morte em um centro esportivo no distrito de Iztapalapa; que existem leis que ajudam o Japão a ter um dos índices de obesidade mais baixos do mundo; que o posto mais alto na área de Engenharia Mineral e Mineração a nível mundial tenha sido obtido pela UNAM; que a marca Nike confeccionasse um hijabe para muçulmanas esportistas; que se afirme que os aparelhos eletrônicos podem causar nas crianças câncer, dano pulmonar e reduzir seu coeficiente intelectual; que em alguns bares da Alemanha oferecessem bebida em solidariedade ao México e contra Trump; que descubram uma nova espécie de rã no Peru, cujo nome científico é pristimantis attenboroughi e que pertença à família craugastoridae; que Kafka pensasse, falando do estado de angústia produzido por pensar na morte: Tem-se um medo terrível de morrer porque ainda não se viveu; que a China e a Rússia tomem medidas contra um escudo antimísseis americano; que com grande sucesso e gratuitamente, especialistas realizem uma operação dentro de um feto para corrigir a espinha bífida; que se pense que a curta vida do grupo ISIS está chegando ao fim de maneira brutal e que ainda não seja certo; que o primeiro sintoma de déficit comercial da China fosse advertido em fevereiro de 2017; que a agência espacial japonesa descobrisse uma caverna gigante na Lua; que o primeiro país a permitir o voto feminino fosse a Nova Zelândia, e que no México foi legalizado em 1953; que seja muito trágica a história da destruição das ruínas de Palmira; que muitos dos tesouros das culturas mãe do mundo albergados nos museus do Iraque tenham passado para as mãos de comerciantes inescrupulosos e transnacionais; que as mexicanas sejam das pessoas mais estressadas do mundo e ocupem o segundo lugar depois das indianas; que assassinem com um tiro um rinoceronte em um jardim zoológico da França para amputar um chifre com uma serra; que uma ambulância transportasse setecentos e vinte litros de combustível roubado em Puebla; que quando estive em La Habana em 1961 fui a uma festa no Palacio Nacional com Fidel Castro, Che Guevara, Armando Hart, Haydée Santamaría, Osmani Cienfuegos e Raúl Roa, entre outros; que haja uma espécie de pássaro na África que se comunica com uma tribo do lugar para buscar mel; que se possa estar em estado de errata permanente devido à celeridade dos dedos; que haja aqueles que enfrentam diariamente a dislexia e a procrastinação; que em sua visita oficial ao México, Angela Merkel tenha dito a Peña Nieto que é preciso reforçar os direitos humanos, prevenir e castigar os assassinatos de jornalistas; que uma igreja do século XVIII construída por missionários em Cocóspera, Sonora, esteja a ponto de desabar por falta de manutenção; que segundo a Walk Free Foundation, o comércio de seres humanos tenha se tornado o segundo negócio clandestino mais lucrativo do mundo; que nos Estados Unidos haja cada vez mais adolescentes que operam os lábios da vagina e rasuram o púbis; que Steve Bannon considere Lenin como o homem mais inteligente e politicamente correto que tenha havido no mundo; que logo seja provável tornar o lixo da CDMX em energia elétrica para o Metrô; que seja estranha a síndrome de uma mulher que nunca sente fome e pesa só quarenta e cinco quilos; que Karime Macías, a esposa do corrupto governador de Veracruz, Javier Duarte, gastasse ao menos oito milhões em compras de luxo e que não seja uma exceção entre a classe governante; que um jovem mexicano de apenas dezessete anos tenha criado uma tecnologia para detectar o câncer; que Homero não exista como tal e seja a soma de homeros anônimos; que nosso planeta se situe no periélio pelo que terá uma aceleração de mil quilômetros acima da média normal; que a quinoa, originária das regiões andinas, seja um dos cereais mais saudáveis do mundo e, atualmente, um dos mais caros; que dois irmãos equatorianos caíram do andar quarenta e sete de um arranha-céu em Nova Iorque e um tenha sobrevivido; que Mahershala Ali e Stephen Dorff serão os protagonistas da nova temporada da série True Detective de Nic Pizzolatto e que as séries tenham substituído largamente a televisão e o cinema; que o trigo sarraceno seja mais saudável do que o trigo; que um prefeito espanhol do Partido Popular diga em seu discurso do Dia da Mulheres que as mulheres sangram sem se cortar; que duas pessoas morressem e outras ficassem feridas depois do desabamento de um viaduto da cidade italiana de Camerano; que o Papa tenha proibido a venda de cigarros no Vaticano, fonte de arrecadação, livres de impostos; que a ciência descubra finalmente a causa pela qual os flamingos fiquem de pé em uma pata só; que se discuta se a rainha Elizabeth da Inglaterra deveria pagar impostos; que um rarámuri ambientalista tenha sido assassinado e as autoridades neguem que se trate de um homicídio relacionado com sua atividade política; que como disse dom Pedro Calderón de la Barca em um drama com esse mesmo nome: Nesta vida tudo é verdade e tudo é mentira; que Trump tenha dito durante sua campanha que caçar é como jogar golfe, ao lado da fotografia de dois de seus filhos exibindo a pele de um tigre que mataram na África; que assegurem que Mussolini foi quem inventou a pós-verdade, ainda que no seu tempo não fosse chamada assim; que um equatoriano descubra sua mulher saindo de um motel com seu amante e o acontecimento viralize através de um vídeo; que um estudo compilado por mais de cem cientistas descarte os rumores sobre os extraterrestres; que no dia 23 de julho de 1846 Henry David Thoreau fosse preso por não pagar impostos, como forma de protestar contra o governo e que desse gesto nascesse o estado de desobediência civil; que no dia 12 de dezembro de 2017, como presente de aniversário para sua namorada, um ousado homem-aranha chinês escalasse um edifício de sessenta e dois andares na cidade de Changsha e sofresse uma queda mortal; que um cachorro no México se lançasse de um décimo primeiro andar pelo medo provocado pelos fogos de artifício e que detiveram um homem que jogou uma menina de três anos pela janela, porque a pequena defendia sua mãe; que fosse notícia que o milionário David Rockefeller tenha sido submetido antes de morrer a uma sexta cirurgia cardíaca; que o governo da Islândia promulgasse uma lei em que proíbe que as mulheres ganhem menos do que os homens; que Carl Jung dissesse que o encontro entre duas pessoas é como o contato de duas substâncias químicas: Se há alguma reação, ambas se transformam e que o jazzista Miles Davis assegurasse: Se não pudesse descobrir algo para ajudar a arte ou descobrir uma nova forma de fazê-la, não gostaria de estar aqui. Preferiria estar morto; que um professor finja ser Justin Bieber no Facebook e abuse de novecentos menores; que um jornal de Boston sugerisse no século passado que o poeta Walt Whitman deveria ter sido açoitado por ter escrito Folhas de relva; que o Papa Francisco anunciasse que viajaria para a Índia, para Bangladesh e para a Colômbia em 2017; que em um mês de novembro, as Oriónidas iluminariam o céu; que se verifique que as vacas leiteiras são torturadas em uma granja de Miami e que alguns cientistas descubram por que o cabelo se torna branco e se anuncie em Chihuahua que a violência deixou a serra sem médicos devido a que os serviços foram suspendidos em ao menos cinco municípios, enquanto uma mulher é presa em Oklahoma por se casar incestuosamente com sua mãe; que encontraram uma foca dormindo em um banheiro da Tasmânia; que Charlize Theron tirasse o sutiã para apoiar um Dia Internacional da Mulher; que um casal de Ohio seja acusado de matar sua filha de cinco anos; que trinta e oito adolescentes, trancadas em um albergue da Guatemala, morressem em um incêndio e que isso trouxesse à memória o que aconteceu faz anos na creche ABC do México; que depois de sua morte se encontrasse que a biblioteca de Marlene Dietrich tinha cerca de dois mil livros, entre os quais havia obras de Goethe, Shakespeare, Rilke, Baudelaire, romances policiais e alguns exemplares de Mein Kampf de Hitler; que fosse nomeado embaixador para representar os Estados Unidos em Israel um personagem que assegura que os judeus liberais são piores do que os colaboradores dos nazistas; que substituam a válvula mitral de um ser humano pela válvula de um porco; que desapareçam os peixes que buscavam seu alimento nos recifes de coral; que Heinrich Heine formulasse uma profecia, quando no final do século XIX vaticinou que: Ali onde se queimam livros, acabam queimando-se homens; que várias deputadas mexicanas ocuparam o plenário da câmara para exigir que se discutisse o tema do aborto em casos de violação; que outra definição de metáfora possa ser a operação de substituir um termo por outro imaginário que se assemelha e que na vida cotidiana utilizemos metáforas com muita frequência, em geral no âmbito literário e sobretudo no poético, em que as metáforas atingem sua expressão mais cabal; que desapareceram trinta armas de uma loja de Maryland; que uma mulher assassinasse seu cabeleireiro porque não gostou como ele cortou seu cabelo; que um jovem com paralisia cerebral se formasse com louvor na UNAM; que tenham sido descobertos três novos minerais que contribuem para o campo nascente da nanominerologia; que as quatro irmãs de Dolly, as ovelhas clonadas, envelheçam saudavelmente; que a humanidade tenha acabado com a metade dos animais do planeta; que Eça de Queirós definisse seu personagem Pacheco dizendo que vivia da austeridade do remendo e da ostentação da mancha; que o presidente Evo Morales assinasse uma polêmica lei que duplicará a área legal de cultivo de coca na Bolívia; que os funcionários de SEDESOL peçam desculpas pelos resultados nulos de suas gestões dizendo: Há pobres com fome, mas não nos dizem onde estão; que se for construído o Muro proposto por Trump serão roubados 432 quilômetros lineares do território mexicano; que vários deficientes que protestavam em cadeiras de rodas contra a lei que anula o Obamacare fossem jogados no chão brutalmente pela polícia; que os restos fósseis de uma bebê que nasceu faz 11.500 anos revelem que o homem chegou à América muito antes do que se pensava; que a demissão por gravidez seja a principal causa de discriminação trabalhista na Cidade do México; que em 1955 no Teatro das Nações de Paris tenha sido representado Tito Andrônico de Shakespeare, dirigida por Peter Brook, com Vivien Leigh e Laurence Olivier como protagonistas; que o terremoto do dia 19 de setembro, o eclipse solar e o filme Coco fossem os acontecimentos que mais interessaram os mexicanos em 2017; que daqui a muito pouco possa se produzir uma revolução quântica que alteraria na raiz nosso modo de usar os computadores; que no drama As três irmãs de Tchekhov, um dos personagens diz: Não conhecemos o estado de felicidade, nunca o conheceremos, só podemos desejá-lo; que tenham sido encontrados na China dois crânios de uma enigmática espécie humana; que a mãe do embaixador assassinado na Líbia tenha pedido a Trump que deixe de usar o nome do seu filho para fazer campanha; que até onde se deve chegar para ter o coração despedaçado; que alguém anuncie no Facebook que amanheceu em estado sonolento e que um jornalista do El País relate uma tentativa de sequestro na costa do México e a reação tenha sido criticar duas moças porque viajavam sozinhas; que um urso polar, o mais triste do mundo, tenha sido colocado em exibição em um centro comercial chinês com o objetivo de que os visitantes tirassem uma selfie com ele; que o Twitter pudesse servir de santoral laico e de obituário e às vezes usurpar as tarefas da Wikipédia; que se pense frequentemente que as notícias possam ser tão estranhas que nem Ripley acreditaria nelas; que em um banco espanhol as pessoas tenham se assustado ao ver entrar de repente um touro; que haja criminosos de Estado que provoquem estados de exceção; que as jovens que morreram queimadas em um albergue da Guatemala protestavam contra abusos sexuais; que haja aqueles que sustentem que o leite das baratas possa ser superior ao das vacas; que é assombroso que Marcel Duchamp acendesse cigarros sem perceber que um passarinho estava pousado sobre seu ombro; que nosso imaginário está tão colonizado que quando se quer pôr a mente em branco para descansar, use-se a expressão ter a mente no modo avião; que quem é que pode se importar se, andando por Francisco Sosa, alguém tenha visto uma moça que andava sozinha, falava no telefone e soluçava; que o paradoxo, segundo a Wikipédia, é uma expressão contraditória que se apresenta quando se unem dois conceitos opostos e que se se consulta o dicionário da Real Academia se lê a seguinte definição: Asserção inverossímil, apresentada com aparência de verdadeira, e no primeiro dicionário da língua, o Tesoro de la Lengua Castellana de Sebastián de Covarrubias, de 1611, é definido assim: Vale tanto como coisa admirável e fora da comum opinião e, finalmente, o Diccionario de Autoridades de 1737 assenta que o paradoxo é uma espécie inédita ou fora da comum opinião e sentir dos homens, e que não se saiba qual das definições seja a que explica melhor a figura; que seja muito interessante ficar sabendo que indígenas do sudeste mexicano criem sua própria companhia telefônica e de internet e ganhem a batalha das grandes empresas; que especialistas assegurem que o uso da inteligência artificial provocará o aumento de desemprego no mundo; que depois da polêmica suscitada pela foto da atriz Emma Watson na Vanity Fair, em que exibiu parcialmente seus seios, ela dissesse: Não sei o que o feminismo tem a ver com meus peitos; que a milícia xiita encontrasse uma fossa no Iraque com mais de quinhentos cadáveres, perto de uma prisão em Badush; que um milionário chinês privilegie a energia solar e construa uma cidade inteira com ela; que Malta chore pelo desmoronamento da Janela Azul, a icônica rocha que apareceu em Game of Thrones; que ter muito boa memória não é bom, que ter uma memória ruim te faz mais inteligente, leia-se em uma revista canadense, e que por isso mesmo Borges teve razão quando escreveu Funes o memorioso; que em Portugal, um homem possa se casar de novo cento e vinte dias antes de que sua ex-mulher; que um juiz tenha dito que o casamento é um vale de lágrimas, mas que existe uma saída para resolvê-lo: o divórcio; que impressiona a literalidade com que frequentemente se leem as coisas; que uma das formas entre as quais Kafka mais pensava que poderia morrer fosse descrita por ele assim: A imagem de uma faca de açougueiro cortando meu corpo com rapidez e regularidade mecânicas, em finas fatias que saiam voando em todas as direções pela velocidade com que cortavam, e que seu avô tenha sido um açougueiro kosher em Praga; que no dia 23 de junho de 1912 nascesse o pioneiro dos computadores Alan Turing, reconhecido como o pai da Inteligência Artificial; que uma árvore de natal no Zócalo ostente um anúncio da Coca-Cola; que tenham extraído uma barata do crânio de uma mulher na Índia; que o ácido úrico possa obstruir as artérias ou as válvulas cardíacas ou causar gota; que tenham encontrado uma caverna supostamente dos Cavaleiros Templários, descoberta graças a um toca de coelhos e que tenha sido isolada na Coreia do Sul uma nova cepa de um vírus mais mortífero do que o ebola, denominado cientificamente RHDV1 K5, que só afeta os coelhos silvestres; que Cervantes disse no Quixote: E o amor que lhe tem lhe põe uma venda nos olhos para que não veja suas faltas, antes as julga por discrições e lindezas; que uma menina de três meses estivesse entre as oitenta e quatro crianças resgatadas de uma rede de traficantes de pornografia infantil; que tenha aparecido um filhote de baleia cinza albino visitando as costas do Pacífico mexicano; que estudantes da UNAM projetem seus próprios blocos de lego para fazer moradias de plástico, que uma aluna potabilize água de chuva para escolas do Chiapas, que outro jovem construa uma cadeira ortopédica inovadora, que estudantes de engenharia em Colima construam robôs para limpar o estado assustadoramente descuidado de nossas praias, que alunos do Politécnico tenham conseguido transformar em cereal as cascas de melancia e que tudo isso denote um estado de enorme criatividade dos estudantes mexicanos; que John Ford dissesse alguma vez: Você viu Henry Fonda andando? Pois isso é o cinema; que te vendam no mercado quatro alimentos como saudáveis, que não sejam e que te ofereçam alternativas para substituí-los; que um juiz canadense tenha dito a uma mulher em um caso de violação: Por que não manteve os joelhos apertados?, que o violador fosse declarado inocente, que a jovem tenha tentado se suicidar e como consequência tenham cassado o magistrado, mas dois anos depois; que López Obrador apresente seu gabinete de segurança do qual fazem parte do ex-secretário particular do ex-presidente Fox ao sogro do ex-diretor de Televisa, Azcárraga Jean; que uma menina tenha atravessado sozinha oito quilômetros sob a neve na Sibéria e sobrevivido; que a ONU alerte acerca da pior crise humanitária desde a Segunda Guerra Mundial; que na Tunísia, por se beijar em um carro, um casal fosse preso por atentado ao pudor; que a central de Fukushima no Japão ainda não se recupere do desastre atômico que aconteceu há seis anos; que tenham descoberto uma enorme estátua do faraó egípcio Ramsés II em um subúrbio miserável do Cairo; que a dieta mediterrânea demonstre ser melhor do que as estatinas para prevenir infartos; que uma sinagoga em Seattle tenha amanhecido com um grafite onde se lê que o Holocausto não existiu; que pesquisadores descubram que o sangue dos dragões-de-Komodo contém elementos que poderiam ser utilizados como antibióticos; que um cavalo de corrida se choque brutalmente contra uma camionete e o jóquei saia voando; que o princípio da incerteza formulado por Heisenberg possa acelerar a comunicação quântica; que o estado de placidez aumente se se ouve uma sonata de Scarlatti interpretada por András Schiff; que depois da bomba atômica em Hiroshima cresceram algumas flores e o roteiro que Marguerite Duras escreveu para Hiroshima mon amour continue sendo vigente, assim como o filme que Alain Resnais dirigiu, mas que os últimos filmes desse diretor sejam muito ruins; que um cidadão de São Petersburgo peça que uma réplica do David de Michelangelo, colocada na frente de uma igreja, seja coberta para não paralisar as almas das crianças; que a poluição, os pesticidas e a diminuição de zonas verdes estejam fazendo desaparecer os pardais; que o arcebispo de Lima diga que os abusos sexuais de menores acontecem porque as meninas o provocam e que vários católicos se oponham ao casamento igualitário, pois pensam que a união entre pessoas do mesmo sexo gera grave dano espiritual; que certas bactérias das fossas nasais possam eliminar algumas das patogenias mais disseminadas e resistentes; que tenhamos entrado em uma nova Idade Média; que os elefantes estejam nascendo sem presas para se defender das agressões humanas; que alguns políticos não conheçam a gramática, mas arruínem com eficácia seu país; que uma avalanche de lixo mate quarenta e seis pessoas na Etiópia, a maioria mulheres e crianças; que os feminicídios em Coahuila somem 271 em três anos e que o governador

Moreira os chame crimes passionais; que pela violência do narco já se contem mais de noventa mil mortes durante o governo de Enrique Peña Nieto; que seja detido um inspetor de antiguidades no Egito por receber subornos; que no dicionário da Real Academia se leia que a alegoria é uma figura retórica que consiste em uma sucessão de metáforas, as quais, unidas, evocam uma ideia complexa; que a selva amazônica esteja ameaçada pela seca e pelo desmatamento; que haja um cachorro que com seu olfato seja capaz de determinar se um paciente tem câncer de pulmão; que a correção política quer corrigir a história e que Emmy Noether, que Einstein qualificou de gênio matemático, fosse uma cientista cujo teorema revolucionou a física; que as fotos que Tom Kiefer tirou dos objetos confiscados aos migrantes detidos pela Polícia Federal constituirão um extraordinário testemunho para o futuro; que Veracruz tenha se transformado na maior fossa do México; que no povoado Nzali da Tanzânia haja sempre gente cantando; que alguma vez Nova Iorque amanhecesse como uma cidade fantasma, porque fecharam escolas e cancelaram voos; que houvesse quarenta meninas mortas pelo incêndio no albergue da Guatemala e que proibissem sair do país aos funcionários envolvidos; que o dióxido de carbono tenha aumentado na atmosfera a um ritmo nunca antes visto, da mesma maneira como o degelo das geleiras esteja ocorrendo muito antes do previsto pelos cientistas; que Virginia Woolf pensasse que, comparados com coisas como as estrelas, nossos assuntos não parecessem importar muito e que Sigmund Freud acreditasse que o amor é o que há de mais próximo da psicose; que Vicente Huidobro dissesse que os pontos cardeais são três: o Norte e o Sul e Luis Cardoza y Aragón afirmasse que os grandes muralistas mexicanos são dois: Orozco, e Karl Marx pensasse que, de repente, possa se ouvir a voz do trabalhador, apagada na fúria impetuosa do processo de produção; que tenha havido ventos tão inclementes em Cape Cod, África do Sul, que vários ciclistas voaram pelos ares; que mais de duzentos e trinta escritores peruanos rejeitaram o indulto a Fujimori e que, como protesto, vários funcionários do governo do presidente Pedro Pablo Kuczynski tenham renunciado a seus cargos; que na Antártida tenham encontrado uma torta de frutas assada faz cento e seis anos em excelentes condições; que a mudança climática esteja afetando 90% dos camponeses australianos; que em março de 2017 se completassem seis anos de guerra na Síria e que se calcule que durante esse período morreram mais de 465 mil pessoas; que em 1920 se descobrisse petróleo em uma reserva dos índios Osage de Oklahoma e que desde então começassem a assassinar seus habitantes; que o artista chinês Ai Weiwei colabore com o cineasta Werner Herzog para criar uma instalação que questiona o desaparecimento da intimidade; que tenha sido fabricada uma inovadora esponja que absorve petróleo, possível solução para os derramamentos de óleo; que em Coahuila assassinassem em sua casa três mulheres de mais de oitenta anos; que descubram na Argentina uma rã fosforescente; que em 1936, Orson Welles transmitisse por rádio a chamada Guerra dos mundos; que o metate fosse utilizado na cozinha mexicana desde os tempos mesoamericanos; que haja uma marca de lingerie na Nova Zelândia que rompe paradigmas e seja anunciada por uma modelo de cinquenta e seis anos; que tenha sido decretado que o dia 13 de março seja o dia internacional do PI: a razão entre o perímetro de uma circunferência e seu diâmetro e que Wisława Szymborska tenha escrito um poema sobre esse enigmático número; que a relação sexual entre pessoas do mesmo sexo seja considerada como pecado pelas igrejas; que Balzac dissesse que o amor não é só um sentimento, mas também uma arte; que centenas de caranguejos fossem resgatados por habitantes de Cancún na zona de mangues; que cientistas descubram de que maneira os animais medem o tempo para se reproduzir; que se decrete que em todos os países que constituem a União Europeia seja uma obrigação reciclar até 70% dos resíduos; que graças ao algoritmo, especialistas em computação criem uma técnica para envelhecer os rostos dos jovens e proporcionar versões juvenis das pessoas mais velhas; que se anuncie como um pesadelo o Brexit, que está a ponto de separar o Reino Unido da Europa e que a Escócia pensasse em convocar um referendum para decidir se se separa ou não do Reino Unido; que um rato chamado Héctor tenha sido o primeiro ser vivo lançado pela França ao espaço em 1962; que a mandíbula do megalossauro desenterrada em 1824 permita, ao ser examinada com métodos modernos, descobrir coisas muito importantes sobre a evolução; que no México 180 mil habitantes da capital padeçam de glaucoma; que os buracos negros se formem no final da vida das estrelas, que o último tilacino, chamado também de lobo marsupial ou lobo-da-tasmânia, morresse encarcerado em um zoológico; que um residente do bairro do Brooklyn em Nova Iorque amanhecesse morto em uma esquina, caído do décimo oitavo andar de um edifício, levando consigo um revólver calibre trinto e oito; que em 1961 fosse representada em La Havana a Electra Garrigó de Virgilio Piñera; que a Turquia continue pasma diante das prisões massivas de jornalistas, intelectuais e professores universitários; que o tubarão-baleia acabe de entrar na lista de animais em risco de extinção e que o burro mexicano esteja também em risco de extinção pela exploração de sua espécie e a grande venda de exemplares aos chineses; que um provedor de armas peça desculpas a familiares das vítimas do massacre de nove pessoas em Munique; que o historiador americano Robert Darnton afirme que toda burocracia cria um sistema de censura, e que haja quem assegure que a misoginia é sinônimo de tirania; que um turista tenha tentado pular de um barco em movimento para recuperar seu telefone celular; que os incêndios florestais afetem enormes extensões do Chile e que George Orwell predissesse que até que não tenham consciência de sua força, os homens não se rebelarão, e só depois de terem se rebelado terão consciência dela; que George Lincoln Rockwell, o fundador do Partido Nazista dos Estados Unidos, continue influenciando a ultradireita; que seja assombroso o som que fazem as estrelas de nêutrons ao se chocarem; que Darwin fizesse uma parada nas Malvinas e se encontrasse com um dos grandes mistérios da evolução animal; que a reação à frustração se produza em uma região subcortical do cérebro, chamado de núcleo paraventricular do tálamo; que uma publicação afirme que se um par de sapatos são confortáveis quer dizer que provavelmente estejam bem colocados e sejam da medida exata; que Hippolyte Taine assegurasse: Estudei muitos filósofos e muitos gatos. A sabedoria dos gatos é superior; que a Igreja peça aos homossexuais que vivam em castidade; que uma menina violada de nove anos, da etnia wixárika em Sonora, tenha sido proibida de abortar; que entrasse em vigor uma lei que permite portar armas em universidades públicas do Texas; que um mexicano projete tijolos feitos de areia, cimento e baba de nopal; que Tóquio tenha já sua primeira governadora: Yuriko Koike; que uma imigrante que limpava casas seja agora professora da Universidade de Stanford; que o mundo se surpreenda com o achado de uma múmia de crocodilo com quarenta e sete bebês mumificados nas suas entranhas; que as folhas soltas em que Einstein escreveu sua teoria sobre a felicidade tenham sido leiloadas por 1,5 milhão de dólares; que a aférese seja uma figura retórica que consiste em eliminar no início de uma palavra alguns de seus sons; que não se entenda muito bem o que queria dizer um professor do método Alexander quando ordenava: O pescoço para o ar e os pés no chão; que um dos poemas mais antigos que existem seja o Gilgamesh, personagem descrito como semideus e semihumano; que na Cidade do México um jovem de dezessete anos mate três e os esquarteje, porque olharam com morbidez sua namorada; que o pangolim indiano, um mamífero de aspecto pré-histórico, coberto de escamas e com aspecto de tamanduá, habitante das selvas da Ásia e da África, tenha se tornado o animal mais traficado do mundo devido a velhas tradições e a que chineses e vietnamitas gostam dos pratos exóticos; que a ONU rejeite a reforma antiaborto aprovada em Veracruz como particularmente reprovável; que Isaac Newton dissesse: O que sabemos é como uma gota d'água, o que ignoramos, o oceano; que um empregado de um centro de deficientes esfaqueasse dezenove pessoas no Japão; que um livro didático proposto no Texas sugira que os mexicanos são preguiçosos e violentos; que uma mãe tentasse salvar sua filha de uns tigres em um safari de Pequim e que um bebê hipopótamo defendesse sua mãe do ataque de um leão; que nem a luz possa escapar de um buraco negro; que dos personagens envolvidos na trama de corrupção criada pela Odebrecht se mencione sobretudo Emilio Lozoya; que nos dias chuvosos me lembre de Verlaine; que assaltem um açougue em um subúrbio da Cidade do México e levem até a balança; que façam três novas denúncias por abuso sexual contra um sacerdote em Guanajuato; que a Procuradoria de Tlaxcala seja acusada de negligência e até de cumplicidade no tráfico de meninas, asseguram os familiares das vítimas; que um egresso da UNAM invente um videogame que fomenta o cuidado das abelhas e a matemática; que se difundisse na Austrália uma notícia falsa na qual se afirmava que um jovem drogado tinha tentado ter relações sexuais com um crocodilo; que um mexicano tente se suicidar depois de ser detido nos Estados Unidos e morra no hospital pouco tempo depois; que Margaret Atwood escrevesse no jornal The Globe and Mail, por causa do movimento MeToo, que em tempos de intolerância, os extremistas ganham, sua ideologia se torna uma religião e quem não aderir a ela será considerado um apostata, um herege, um traidor e aqueles que se encontram no meio são aniquilados; que Albert Camus tivesse quarenta e seis anos quando morreu, no dia 4 de janeiro de 1960, em um acidente de carro; que um jornalista se enfie nas entranhas do Cartel de Sinaloa e registre como são fabricadas as metanfetaminas; que Orson Welles deixasse um magnífico filme nunca exibido e que Netflix o tenha recuperado para explorá-lo e que esse holding está se tornando tão poderoso no campo das artes visuais como Amazon nos livros; que encontrem nos Estados Unidos um ex-comandante nazista de noventa e oito anos que ordenou a morte de quarenta e quatro pessoas na Polônia, que o tenham condenado à prisão por cinco anos e que ele morresse antes de cumprir sua pena; que busquem um crocodilo que atacou jovens no Chiapas; que a primeira rã fosforescente descoberta no mundo viva na Argentina; que a Câmara dos Lordes do Parlamento britânico aprove a Lei do Brexit; que a Câmara de Deputados do México postergue a discussão sobre o tema do aborto em caso de violação e tenha sido descoberto o método seguido por hackers turcos para intervir em contas na Alemanha; que Suzhou seja a cidade chinesa que reproduz as pontes de todo o mundo; que a Alemanha preveja multas de até cinquenta milhões para acabar com o ódio nas redes sociais; que uma mulher em Atlanta colocasse dois filhos de um e dois anos de idade no forno e os queimasse vivos, alegando que não os aguentava mais; que a comunidade científica festeja o Dia do PI há vinte e oito anos; que uma nova descoberta sugira que a vida multicelular avançada existia na Terra muito antes do que se pensava; que o que aconteceria se legalizassem as drogas; que o mel, além de adoçar e ser um alimento 100% natural, tenha propriedade medicinais e que apareça uma nova espécie animal, o coyolobo; que o barulho possa ser mais perigoso para o ouvido do que se pensava; que muitos americanos ainda pensem que a AIDS é o castigo de Deus pelos pecados carnais dos homossexuais; que um homem tenha enfrentado os filhos dos nazistas que mandaram assassinar sua família; que o taxista John Worboys, que entre 2002 e 2008 atacou sexualmente mais de uma centena de mulheres em Londres, sairá da prisão; que seja preciso averiguar de que maneira a astronomia está ajudando a combater o câncer; que se diga que as redes sociais empobrecem a linguagem; que ondas de refugiados Rohingya estejam chegando a Bangladesh; que deportem dos Estados Unidos a atriz mexicana Nora Velázquez, conhecida como Chabelita; que seja lindo ver arraias pulando fora da água, filmadas em câmera lenta; que a mineradora San Xavier em San Luis Potosí atente contra o bem-estar e a saúde dos que habitam o vale; que às vezes se privilegie a água com açúcar nas redes sociais e que nos estejamos tornando diabéticos terminais; que duzentos milhões de mulheres e meninas em trinta países do mundo todo tenham sido submetidas à mutilação genital feminina e que na Somália essa operação se pratique em 98% dos casos; que se impeça que a companhia canadense Esperanza Silver se estabeleça na colina El Jumil em Xochicalco porque afetaria o sítio arqueológico; que se respeite o centro cerimonial Wirikuta que faz parte do patrimônio histórico e cultural do povo huichol; que se escrevam e escrevam páginas inteiras e se advirta que no final há somente quarenta e oito; que os esquilos passeiem pelos jardins, destruam as plantas e não seja possível impedi-lo; que talvez se tenha Alzheimer quando se lembram coisas que aparecem e desaparecem logo depois; que os Estados Unidos não tenham conseguido que os norte-coreanos interrompam sua produção de armas nucleares; que um robô possa eliminar os amassados da roupa em seis minutos sem maltratá-las e que o petróleo já não seja o recurso mais importante; que uma moça inglesa de dezenove anos, empregada doméstica de um família da burguesia média americana, matasse um bebê de oito meses causando nele uma fratura no crânio; que filmassem um filme pornográfico em uma igreja da Holanda e as autoridades decretassem que não havia delito a perseguir; que Lydia Davis começasse a escrever textos muito breves com frases muito curtas depois de ter traduzido Proust; que um passageiro tenha preferido descer do avião quando advertiu que o piloto era uma mulher e que esse passageiro dissesse: Faltam mães, não pilotos, e que outros passageiros o tenham imitado; que em 2015 morreram nos

Estados Unidos 428 civis assassinados por policiais, na França, 5, no Reino Unido, 4 e na Alemanha, 2; que tenha ficado gravada para sempre uma sombra de uma das vítimas de Hiroshima, depois da explosão atômica de 1945; que devido ao uso dos celulares, 70% dos jovens padecerá de miopia; que Perec escrevesse uma resenha sobre Hiroshima mon amour; que um refugiado sírio gravasse na Alemanha um vídeo no qual ameaçava estourar uma bomba em nome do Estado Islâmico; que uma jovem violada no Texas tenha sido presa depois de sofrer um colapso nervoso na corte onde seu verdugo foi julgado; que já se cumpram duzentos anos da publicação de Frankenstein ou o Prometeu moderno, de Mary Shelley, livro que revolucionou a ficção científica e os romances de terror; que ao ouvir uma sonata de Beethoven, a da marcha fúnebre, se advirta que a vida é breve; que as redes sociais estejam se tornando campos minados; que em Kent, Inglaterra, tenha sido leiloado por 39 mil euros um álbum de Eva Braun com fotos desconhecidas de Hitler; que o Washington Post postasse no Twitter no dia 23 de junho de 2017, às 9:36 AM, que Putin nega que interferiu nas eleições dos Estados Unidos e que o FBI tenha uma investigação em curso para demonstrar o contrário; que em uma escola primária americana, um menino do terceiro ano levasse um revólver com o pretexto de que seus colegas o acossavam; que na Itália a violência tenha fugido do controle; que uma mãe de origem hispânica batesse selvagemente na sua filha de quatro anos, a jogasse contra a parede como se fosse uma bola e a menina morresse com as vísceras estouradas; que em uma sessão do método Feldenkrais se aprenda que o bem-estar muscular dependa da lentidão e da suavidade dos movimentos que é preciso executar, embora a palavra executar soe a patíbulo; que ao longo de oito anos um pastor protestante belga, provavelmente regente de prostíbulos, assassinasse sucessivamente vários de seus filhos e suas duas esposas; que um novo achado em relação às ondas gravitacionais venha demonstrar que Einstein tinha razão quando conjeturou que eram perturbações que percorrem o espaço à velocidade da luz e que essa verificação poderia significar uma nova era da astrofísica; que a redução da população feminina na China seria talvez índice de um assassinato coletivo, em um país onde desde 1979 só se permitia ter um filho e onde dar à luz uma menina era quase uma maldição, o que equivaleria a assinar uma sentença de morte contra as meninas desse país e que essa proibição tenha sido revogada; que em 1968 o governo dos Estados Unidos tivesse dois inimigos: a esquerda pacifista e os negros, pelo que esses grupos foram associados ao consumo de maconha e heroína, para em seguida endurecer as leis que perseguiam seu consumo; que um jovem americano de vinte anos, drogado, especialista em assaltos à mão armada e doente de AIDS, sabendo disso, tenha contagiado uma grande quantidade de moças que fizeram sexo sem proteção com ele; que apunhalem dois homens nos Estados Unidos por defender duas muçulmanas; que um grupo de cientistas deram a conhecer o achado do orangotango de Tapanuli (Pongo tapanuliensis) que habita na região de Batang Toru, no norte da ilha de Sumatra; que o óleo possa ser culpado pela crise de obesidade de que se padece no mundo e que já o azeite de oliva seja mais saudável; que uma companhia aérea se negue a servir um jogador russo de vôlei e o faça sair do avião devido a sua grande altura; que se diga que Sgt. Pepper, o disco dos Beatles, revolucionou o mundo da cultura faz cinquenta anos; que uma amostra do interior do nariz bastaria para detectar o câncer de pulmão, assinala nova pesquisa; que uma terceira parte do genoma do fermento tenha sido sintetizado e que o resto será revelado em breve; que o cacau poderia desaparecer em 2050 por causa do aquecimento global; que o Museu Metropolitano de Arte anuncie que pela primeira vez em cinquenta anos as pessoas que não forem de Nova Iorque pagarão vinte e cinco dólares para entrar no recinto; que o primeiro ministro liberal tenha podido derrotar o candidato nacionalista da Holanda; que a empresa mexicana que concursou para construir o muro alegasse em seu despacho que não é nada pessoal e é somente para fazer negócios; que em 1968 um grupo de intelectuais se reunisse para imaginar como seria o mundo em 2018 e não augurasse nada bom; que até 2050 haverá mais plástico do que peixes nos mares; que o veneno de escorpião tenha novos usos e seja efetivo contra algumas cepas microbianas; que se agrave a epidemia de cólera no Iêmen onde 1265 pessoas já tinham morrido há vários meses e que, a UNICEF avisava, se esperavam 300 mil casos para setembro de 2017; que através da internet um adolescente conhecesse um pederasta que o violou e manteve relações sexuais com ele durante vários meses, que os pais do rapaz não parecessem se dar conta disso, apesar das pistas que o próprio jovem ia deixando, que se declarou que o violador estava curado depois de uma terapia de seis horas e que, quando saiu do consultório, violou e enforcou um menino de onze anos; que como Schubert, Chopin preferiu o fragmento; que uma nova técnica de estudo das moléculas por congelamento, chamada criomicroscopia eletrônica, além de estudar melhor as estruturas moleculares, permita entender como interagem entre elas e que este novo método permitirá aos cientistas desenvolver novos medicamentos para combater doenças; que por medo dos fantasmas, o presidente do Brasil se mude do Palácio da Alvorada, construído por Oscar Niemeyer; que durante o Ramadan, que dura cinquenta dias, as muçulmanas tenham muitas tarefas que atender, enquanto praticam o jejum; que não haverá cachorros com o rabo cortado na Espanha; que no dia 28 de julho de 1957, um forte terremoto derrubasse o Anjo da Independência; que organizações ambientalistas dos Estados Unidos ameacem boicotar a pesca de camarão para proteger a vaquita marinha mexicana; que para produzir o chiclete, quinhentos sócios produtores estejam dedicados à extração do látex da árvore de chicozapote; que os buracos negros estejam a ponto de engolir as estrelas; que Gracián tenha dito: A queixa traz descrédito e que Kafka tenha escrito a Milena: Por favor tenha cuidado comigo. Às vezes fico triste e não sei por quê: Sinto muito; que três horas diárias de tablet e televisão causem graves danos às crianças; que um filhote de macaco chorasse a morte de sua mãe; que se organize nas redes sociais a leitura massiva da Divina Comédia de Dante Alighieri; que o ambientalista Jesse Klaver se torne o novo dirigente da esquerda neozelandesa; que de 1953 a 1958, os principais cineastas franceses fossem ainda Marcel Carné, Henri-Georges Clouzot, Jacques Becker, Robert Bresson, Jules Dassin e já começasse a Nouvelle Vague com Resnais, Louis Malle, Claude Chabrol; que seja terrível que daqui a trinta anos o mundo perca seus recifes de coral; que para Robert Graves e Alan Hodge escrever bem na sua língua era um assunto de ética, assim como para os romanos escrever bem em latim também o fosse; que cachorros da Polícia Federal mexicana encontraram pacotes de droga em baldes com mole poblano; que o anacoluto ou solecismo é uma figura retórica que se constrói mudando de repente a construção da frase, o que produz uma inconsistência; que em muitas de suas fotografias, César Vallejo apareça apoiado em um guarda-chuva; que tenha sido descoberto um fármaco chamado Pembrolizumab para combater o câncer; que em novembro de 1997, ninguém parecesse preocupado pelos assassinatos coletivos na Argélia; que reconhecer o trabalho das parteiras tradicionais signifique reconhecer o conhecimento tradicional e ancestral das comunidades e povos indígenas; que Mostafa el-Abbadi, o erudito egípcio que tentou restaurar a Biblioteca de Alexandria, tenha morrido no dia 13 de fevereiro de 2017; que Immanuel Kant dissesse que o que você fizer por outro quando esse outro pode fazê-lo por si mesmo, torna-o inútil; que um jovem assassine seus pais e seja preso; que grupos animalistas despejem excremento animal como protesto contra a exposição de Damien Hirst no Palazzo Grassi de Veneza e que os dissidentes na Venezuela usassem como arma de combate garrafas repletas de excremento humano; que um político mexicano declare que três anos são insuficientes para acabar com o narco; que seja possível que as palavras também se extingam ou mudem de significado e que somente sobrem trezentos jaguares nas selvas brasileiras; que no dia 12 de agosto de 2014 Lauren Bacall tenha morrido; que o filho mais velho de Megan Fox e meu neto se vistam como a princesa Elsa do filme Frozen; que Angelina Jolie pronuncie um discurso na ONU contra o novo nacionalismo redutor; que tenham encontrado uma rede com oitocentas totoabas mortas no Golfo da Baixa Califórnia e que as totoabas sejam conhecidas também como corvina branca ou cabicucho, uma espécie marinha em extinção; que em 1994 dois jovens espanhóis de vinte e dezessete anos assassinassem com vinte punhaladas um homem no ponto de ônibus, sem nunca tê-lo visto antes e sem sequer saber seu nome, como parte de um jogo que eles mesmos tinham inventado; que já não se usem os dicionários e sim o Google; que tanto e tanto amor se acabe; que depois de mantê-lo conservado, uma bactéria esteja comendo o Titanic a grande velocidade; que na aldeia de Yakadu, Serra Leoa, um pastor encontrasse um diamante de 706 quilates, que será leiloado pelo presidente Ernest Bai Koroma; que as cinzas do arquiteto Barragán tenham se transformado em diamante e que isso seja considerado um grande acerto da arte conceitual; que pesquisadores de Princeton e Maine anunciassem que tinham conseguido recuperar um cubo de gelo na Antártica com uma antiguidade de mais de 2,7 milhões de anos; que o ether seja a nova moeda virtual que ameaça o bitcoin e que tenha crescido mais de 4000% em menos de seis meses; que o nível de violência no México permita catalogá-lo abaixo da Etiópia, da Índia, do Egito, do Irã, do Congo e do Haiti, e só um degrau acima da Venezuela; que a Tabarnia seja uma região fictícia que quer se tornar independente do resto da Catalunha; que Octavio Paz tenha escrito sobre os filhos da Malinche e Juan Rulfo sobre os filhos de Pedro Páramo e que nenhum dos dois falasse das filhas da Malinche e das filhas de Pedro Páramo; que o Senado mexicano alerte sobre os riscos da Lei de Segurança Interior; que haja uma mulher à qual crescem ossos sobre os ossos; que um problema com a válvula aórtica pode obstruir a livre passagem do sangue à artéria aorta; que com a grana cochonilha se conseguissem obter inumeráveis matizes de vermelho; que um mestre do método Alexander diga que é preciso deixar a língua tranquila; que haja um homem com capacidade extraordinária para correr várias maratonas; que obriguem uma jovem chinesa a renunciar por ser bonita demais para ser enfermeira; que a indústria funerária contribua para a preservação do meio ambiente mediante urnas ecológicas elaboradas a base de sal e areia que tendem a substituir as sepulturas tradicionais; que se conte como um fato real que tenha havido um jovem que viveu dois meses trancado no seu próprio corpo e que tenha podido sair para contá-lo; que se diagnostique uma nova doença hereditária chamada Niemann-Pick de tipo C, que em sua forma mais severa é letal, pois armazena colesterol no corpo, sem possibilidade de eliminá-lo e que o colesterol ruim obstrua a livre circulação do sangue nas artérias; que o Paquistão tenha criado mais escolas patrocinadas pelo Estado do que nenhum outro país em vias de desenvolvimento; que a Electra de Sófocles exclame na tragédia desse nome: Deixe-me enlouquecer à minha maneira; que a cada ano sete mil homens morram de câncer de próstata; que uma planta silvestre de Yucatán chamada cardo santo contribua para curar a diabetes; que um exemplo perfeito de hipérbaton seja o começo de Primeiro Sonho de Sor Juana Inés de la Cruz: Piramidal, funesta, da noite nascida sombra; que sejam encontrados numerosos crânios humanos em um cemitério clandestino de Veracruz e que isso colapse os sistemas periciais do estado; que um jovem de dezessete anos atirasse contra seus colegas em uma escola de Grasse na França, com um saldo de vários feridos e que essa fosse a cidade onde nasceu a indústria europeia do perfume, propiciada pela rainha Catarina de Médici; que uma coletividade é sempre mais bem enganada do que um homem, disse o escritor espanhol Pío Baroja, nascido faz mais de 145 anos; que em 1951, um cientista mexicano, Luis Miramontes, junto com George Rosenkranz e Carl Djerassi, analisasse as propriedades químicas de um tubérculo chamado dioscorea mexicana, do qual obteve uma substância capaz de deter o processo de ovulação e que essa descoberta fosse crucial para o mundo porque produziu a pílula anticoncepcional; que contemplar o eclipse solar sem óculos especiais possa cegar; que Oscar Wilde assegurasse que a generosidade é a essência da amizade; que com quatro isqueiros na mão tenham encontrado um dos culpados pelos incêndios florestais na Galícia; que um crânio e restos de ossos procedentes de uma caverna no Marrocos, na região de Jebel Irhoud, com trezentos mil anos de antiguidade comprovados cientificamente, quer dizer, cem mil anos mais antigos do que a data que se supunha que tinha surgido o homem moderno, modifiquem a teoria sobre a origem do Homo Sapiens; que as filmagens feitas de explosões nucleares ocorridas faz várias décadas virão logo à luz do público; que a reprodução do lobo cinza mexicano em cativeiro no Centro Ecológico de Sonora tenha sido muito bem sucedida e se tenha conseguido preservar a espécie; que vigiar a torre que possui em Nova Iorque o atual inquilino da Casa Branca tenha um custo de 183 milhões de dólares por ano e que o orçamento destinado à cultura seja de 148 milhões; que o sistema robótico Da Vinci supere os movimentos da mão humana e se torne por isso o futuro da cirurgia; que a viúva de Doug Tompkins, um empresário e ambientalista americano, tenha doado mais de 407 mil hectares de terreno ao Chile para criar parques nacionais; que em um estudo recente se encontrassem altas concentrações de chumbo em doces como os pirulitos Rockaletas e Tutsi Pop; que Putin sustente que tem a bomba pai e Trump, a bomba mãe; que três meninos entraram em um zoológico em Chequía e apedrejaram uma colônia de flamingos; que Lovecraft dissesse: Os homens de mais ampla mentalidade sabem que não há distinção clara entre o real e o irreal; que a NASA anuncie que há cinturões de radiação que rodeiam nosso planeta; que os indígenas chimanes da Amazônia boliviana sejam o grupo humano com melhor saúde arterial; que desde 2002 tenha aparecido uma nova doença que deixou perplexos os cientistas, chamada POIS por sua sigla em inglês: trata-se de um padecimento que ataca principalmente os homens, que depois de um orgasmo começam a apresentar dor muscular intensa no corpo todo, fadiga severa, confusão, febre, gripe, coceira nos olhos e incapacidade para falar, ler ou escrever de maneira adequada; que cada vez haja mais especialidades médicas e os médicos parcializem o corpo humano e em ocasiões não advirtam que possa haver doenças malignas provenientes de outros órgãos; que no Twitter leia uma notícia enigmática que sustenta que o FBI foi criado como uma conspiração para matar índios milionários; que Edgar Allan Poe tenha dito que enquanto se lê, a alma do leitor está submetida à vontade do escritor; que um pitão devore uma hiena; que o mandatário americano tenha as mãos pequenas demais e que isso dê origem a muitas piadas nas revistas, nos jornais, na televisão e nas redes sociais, que não tenha querido apertar a mão de Angela Merkel durante a visita dela à Casa Branca e que, ao invés disso, tenha apertado tempo demais a mão do chanceler japonês e que sua mulher Melania tenha rejeitado que ele segurasse sua mão enquanto ela descia de um avião em uma das capitais que ambos visitaram durante sua visita à Europa e que faz muitos anos Khrushchov batesse com um sapato em um banco na ONU; que a organização da ONU para a infância anunciasse que a violência contra as crianças nas zonas de conflito no mundo tenha alcançado níveis estremecedores em 2017; que alguma vez o Zócalo da capital esteve enfeitado com flores e chafarizes; que paleontólogos chineses, neozelandeses e americanos descobrissem quatro fósseis de fungos intactos; que o roqueiro Chuck Berry tenha morrido quase no mesmo dia em que o poeta Derek Walcott e que John Lennon tenha dito: Se quisessem dar outro nome ao Rock & Roll poderiam chamá-lo de Chuck Berry; que tenha surgido uma nova geração de escritoras latino-americanas, nascidas na década de oitenta; que haja tantos restos humanos nas fossas encontradas em Veracruz que o governo não tem mais onde colocar os corpos para analisá-los e que continuem encontrando mais fossas clandestinas com centenas de restos humanos, por exemplo, em Tijuana e em Zacatecas; que Igor Stravinski tenha dito que escutar exige esforço e que ouvir não é um mérito, pois até os gansos ouvem; que se assegure que os mexicanos fazem bem em comer huitlacoche; que os cientistas pensem que se não existisse a matemática não existiria o WhatsApp; que alguns deputados mexicanos gastassem 1,7 milhão de pesos em uma viagem a Abu Dhabi; que a grande barreira de recifes na Austrália é um dos milagres da natureza e que esteja sendo destruída por causa dos humanos; que fortes chuvas no Peru tenham deixado ao menos setenta mortos e que haja constantes deslizamentos na Colômbia que provocam desgastes terríveis e muitas perdas humanas; que nas nações desenvolvidas ainda haja uma diferença de 15% entre o que os homens e as mulheres ganham; que Ángel Aguirre deveria estar preso por cumplicidade com o narco e desvio de dinheiro e não ser pré-candidato a deputado em Guerrero; que na Venezuela sejam reprimidas as manifestações pacíficas e também na Turquia; que no dia 18 de março de 1965, o astronauta soviético Aleksei Leonov realizasse a primeira caminhada espacial; que haja uma mexicana que tenha conseguido transformar os desperdícios da tequila em plástico e que tenha sido proibido na França usar os objetos deste material porque poluem; que Renée Rabinowitz, de oitenta e um anos e sobrevivente do holocausto, processasse a companhia aérea El Al por discriminação: exigiram que ela trocasse de assento devido a que um judeu ultra-ortodoxo não tolerava estar sentado ao lado de uma mulher; que Trump tenha passado um terço de seu primeiro ano em suas mansões privadas fora de Washington; que uma tragédia familiar inspirasse O morro dos ventos uivantes e outros grandes livros das irmãs Brontë; que tenham sido encontradas baleias mortas com restos de milhares de canudos em seus ventres; que Erdogan aconselhe os turcos que vivem na Europa que não façam três, mas cinco filhos para se vingarem do Oeste; que haja muitas coisas obsoletas: o clorofórmio, as cartas, a máquina de escrever, os tocadores de fita cassete, a Revolução Mexicana, a expropriação petroleira, o estado laico, as fichas telefônicas, os cd's, os discos de trinta e três revoluções (muito mais, os de setenta e oito), as vitrolas, os moinhos de café, a fotografia e a televisão analógica, o cinema de autor, o teatro ambulante, a região mais transparente, os idealistas, o telex, o fax, os telegramas, a integridade, as rosas balme, o pulque, as peras gamboa, as cerejas capulín, os trovões, os barcos trajineras enfeitados com flores, a comida saudável, o milho originário, a nata, a constituição mexicana, e que sejam quase inúteis os telefones fixos, a educação pública, as caminhadas diárias, a limpidez do ar, os lanches com amigos, os dias de campo, e que quem dera o fossem também o câncer de seio, de fígado e de pâncreas e que um asteroide com forma de crânio rondasse a Terra em 2018; que uma mulher de noventa e um anos consiga seu doutorado depois de trinta anos trabalhando na sua tese; que a proteína do cordão umbilical regenere o cérebro envelhecido dos ratos e que as pessoas lamentem tarde demais não ter guardado os seus; que agora as bombas tenham mãe e pai; que um lugar no deserto de Cazaquistão, a milhares de quilômetros do oceano possa parecer um lugar estranho para construir o mais novo porto da China; que no dia 28 de junho de 2017 tenha morrido, aos oitenta e nove anos de idade, Simone Veil, feminista, impulsora da lei do aborto e sobrevivente do Holocausto; que não se prestasse atenção em uma notícia porque aconteceu no Quênia, onde uns jihadistas atacaram uma escola e mais de 147 pessoas morreram; que uma jovem sofra morte cerebral por tomar pílulas para emagrecer; que a venda de Salvator Mundi, de Leonardo da Vinci, tenha imposto uma marca difícil de igualar: a pintura foi vendida por 450 milhões de dólares; que um estudo revele que usar GPS demais para se orientar deteriore algumas zonas do cérebro; que antes teria parecido obsoleto pensar que os fascismos renasceriam; que a vaquita marinha seja o menor cetáceo do mundo; que já colocaram em mim uma nova válvula e que por andar uns tantos quarteirões me sinta como se estivesse escalando o Everest; que a equipe de Vila Sésamo realizasse um vídeo no qual critica o corte nas artes e na educação que se aplica hoje nos Estados Unidos; que na Colômbia haja dez espécies de pássaros que não existem em outros lugares do mundo; que seja uma vergonha nacional que haja milhares de desaparecidos; que uma nova opção científica permita dizer que possam se acrescentar uns cento e dois planetas ao sistema solar, além de Plutão, e que exista um planeta onde seja possível que haja vida, embora fique a milhões de anos luz do nosso; que de dia um sacerdote fosse porta-voz da Arquidiocese de León e pederasta de noite; que haja escritores com corpo (como Diamela Eltit) e outros sem corpo (como Borges) na sua escrita; que Brenda Spencer explicasse em 1979 que feriu e matou duas crianças em uma escola primária nos Estados Unidos porque não gostava das segundas-feiras; que encontrem quarenta e seis crânios e centenas de restos humanos em uma nova narcofossa em Alvarado, Veracruz; que quando foi assassinado por Ramón Mercader, Trotsky trabalhasse em uma monumental biografia sobre Stalin; que uma empresa de León, Guanajuato, tenha botas de chuva com uma tecnologia única e inovadora e que cientistas mexicanos patenteiem outra para depurar águas residuais através de flores e bactérias; que digam que para não cair nas ruas da Cidade deveria se usar bengala, talvez a queda irreversível na velhice; que tenha viralizado a foto de Otis, o cachorro que escapou do furacão Harvey em Houston levando consigo sua bolsa de alimentos; que prevenir a contingência ambiental tenha sido um fracasso anunciado; que enquanto os cidadãos sofrem os incômodos provocados pela qualidade ruim do ar, o governo da Cidade do México tenha se dedicado a favorecer ano após ano políticas públicas que privilegiam o uso do automóvel; que tenham feito uma descoberta surpreendente: o magnésio, e não o cálcio, é a chave dos ossos sãos; que alguns pássaros utilizem guimbas para proteger seus ninhos dos carrapatos; que a polícia da Dinamarca tenha encontrado em uma bolsa no mar a cabeça e as pernas de Kim Wall, a jornalista sueca assassinada em um submarino; que as escolas japonesas ofereçam aulas de ética e moral em que se pede aos alunos que se coloquem no lugar de quem perde seus objetos e imaginem seus sentimentos e que por isso devem devolvê-los; que a Lua voltaria a ser rosa no dia 11 de abril de 2017 e vermelha no dia 2 de janeiro de 2018; que uma indústria ecológica surpreendesse os cientistas quando produziu combustível orgânico de pneus que poderiam reduzir as emissões poluentes no mundo em 30%; que possam se plantar e se regenerar os recifes de coral e que isso também poderia salvar o planeta; que o México ocupe o primeiro lugar em impunidade na América; que o presidente dos Estados Unidos diga que prefere pessoas pouco educadas e que por isso suprima fundos para a educação e para a cultura e afirme que embora ame todo mundo não permitirá que pessoas pobres ocupem postos importantes; que a gelatina é um alimento proibido para os veganos, provém da grenetina, seu ingrediente principal, que se obtém da pele, dos ossos fervidos e moídos e das cascos, tendões, órgãos e vísceras do gado bovino, equino e avícola; que na Europa e nos Estados Unidos ainda haja mulheres que oprimam sua cintura para emagrecê-la porque se considera que isso aumenta o prazer sexual dos homens; que Pessoa tenha dito e escrito: Fui mosca quando me comparei com a mosca. Me senti mosca quando supus que era, pelo qual me senti com alma de mosca e dormi como mosca e que Tito Monterroso tenha escrito muitos textos sobre a mosca e os dinossauros; que a Índia será a quinta economia mundial em 2018; que uma arqueóloga mexicana encabece um projeto para desenterrar a bíblica cidade de Magdala; que os insetos tenham olhos que permitem uma visão composta; que falecesse no dia 4 de janeiro de 2018 o escritor israelense Aharon Appelfeld, sobrevivente do Holocausto; que denunciem novas ameaças contra Irinea Buendía, a defensora mexiquense que levou a julgamento o feminicida de sua filha; que um novo estudo crítico demonstre que o poeta Robert Lowell sofria de bipolaridade; que seja necessário elaborar urgentemente mapas de risco dos vulcões do México para prevenir desastres; que a ex-prefeita de Ixtaltepec, Oaxaca, e seu marido recebessem 360 mil pesos de indenização sem serem danificados pelo terremoto; que seria bom tentar traçar uma poética ou uma fisiologia das redes sociais; que a catacrese (ou abusão) seja uma figura retórica que consiste em usar metaforicamente o nome de uma parte ou membro de uma pessoa ou animal para designar outra que carece de um nome específico e que dizer menos mal ao invés de que bom ou não está muito longe por está muito perto seja uma litotes; que os Rolling Stones se declarassem profundamente tristes pela morte de Chuck Berry; que a areia e a água estejam acabando no nosso planeta; que um menino australiano tenha sobrevivido ao ataque de um crocodilo; que em 2016 houve um total de 13.327 adolescentes de entre catorze e dezesseis anos detidos nas instituições de justiça mexicanas; que um insano e perigoso método para perder sete quilos em um mesmo dia possa produzir a morte; que Virginia Woolf tenha escrito que não há barreira, fechadura ou ferrolho que você possa impor à liberdade de minha mente e que Sor Juana tenha dito o mesmo com outras palavras, três séculos antes; que as pessoas que consomem diariamente bebidas light tenham maior risco de padecer de Alzheimer; que tenha sido encontrado um suposto novo quadro de Velázquez e tenha sido vendido por oito milhões de euros; que Mia Farrow diga que foram cortados fundos desesperadamente necessários para a diplomacia, a arte, a proteção do ambiente, a educação e a moradia, com o objeto de construir um muro inútil e ofensivo; que Elon Musk e Mark Zuckerberg coincidam na necessidade de uma renda básica universal; que o protecionismo dos Estados Unidos cause estragos no G-20; que buscassem e encontrassem droga na casa de um padre em Saltillo; que por que será que secou a Pemex, a galinha dos ovos de ouro?; que em 1937 a Legião Condor destruísse 90% da cidade de Guernica e que faça 80 anos desse bombardeio; que 76% dos mexicanos se sintam inseguros na sua cidade; que haja que entender a inteligência artificial para sobreviver nestes tempos; que se refiram à humanidade como uma grande família; que no Japão morra congelada uma mulher que seus pais mantiveram trancada durante quinze anos; que evacuem ao menos mil pessoas no Colorado por um incêndio florestal; que haja ou não possibilidade de que se retome o projeto do trem México-Querétaro; que tenha sido instalada pela Rússia uma enigmática estação de satélite na Nicarágua com o objetivo de combater o narcotráfico e que isso inquieta muito os Estados Unidos; que Angela Merkel tenha o título de doutora em química quântica; que certas notícias consignadas neste livro provenham da BBC em espanhol e tenham sido transmitidas nas redes sociais; que seja encontrado morto o embaixador da Rússia no Sudão; que tenha falecido na Bélgica, enquanto dormia e aos noventa e dois anos, a irmã Marcella Pattyn, a última beguina do mundo, representante de um movimento religioso desconhecido e singular surgido na Idade Média e que durante séculos dera insólitos espaços de liberdade à mulher, em tempos nos quais ela não tinha outra opção além de entregar sua vida a um homem ou a Deus; que o CENAPRED (Centro Nacional de Prevención de Desastres) comunique que se descobriu outra cratera no interior do Popocatépetl de 370 metros de diâmetro e 110 de profundidade; que Trump descesse ao lugar 544 na escala da riqueza, de acordo com Forbes; que eu tenha lido em algum lugar que 20% das colombianas ficam grávidas entre os quinze e os dezenove anos, que na Colômbia a educação sexual esteja proibida no ensino fundamental e que isso costume acontecer também em outros países dos chamados subdesenvolvidos; que a jornalista maltesa Daphne Caruana Galizia seja um dos numerosos jornalistas no mundo que foram assassinados por denunciar os poderosos; que Kafka escrevesse: A partir de certo ponto não há retorno e que esse seria o ponto que é preciso alcançar; que um preso morresse em uma prisão dos Estados Unidos por ficar trancado durante duas horas em um chuveiro com água fervendo e que seus guardas não tenham sido castigados; que Javier Duarte, o ex-governador de Veracruz, peça na prisão onde foi encarcerado que lhe proporcionem um colchão e um tratamento igualitário; que Emilio Lozoya, ex-diretor de Pemex tenha gastado em 2015 mais de 64 milhões de pesos para se transportar por via aérea e tenha sido acusado de receber subornos de dez milhões de dólares; que David Rockefeller, multimilionário americano, morresse aos cento e um anos; que no dia Mundial da Água, a América Latina tenha enfrentado de novo a necessidade de repensar como lida com seus recursos hídricos; que os sonhos da razão engendrem monstros; que sejam sucata os ônibus de dois andares que o governo da Cidade do México comprou; que a Índia seja o segundo país do mundo que outorgue aos rios status humano e sejam chamados oficialmente entidades vivas; que seja suspeito que o governo da Coreia do Norte admita que Otto Warmbier, o americano preso nesse país durante muito tempo, tivesse permanecido em estado de coma por mais de um ano, mas minta acerca da causa; que se possa mostrar como os buracos negros situados a 3 bilhões de anos-luz da Terra se fusionam; que Roberto Saviano, que revelou a identidade das máfias italianas com seu livro Gomorra, tenha publicado um novo que se chama A banda das crianças; que no seu prólogo a Os elementares, Stephen King proclame que Michel McDowell é o escritor mais refinado dos Estados Unidos; que Lisbeth Salander de Stieg Larsson, um dos personagens mais célebres do romance detetivesco sueco retorna de novo às livrarias; que na China tenham inventado uma máquina de reconhecimento facial e ela tenha sido instalada em banheiros públicos para evitar que as pessoas roubem o papel higiênico; que o Parlamento Europeu vote para reintroduzir vistos para os americanos; que umas crianças mexicanas que ganharam um concurso de robótica nos Estados Unidos sofressem agressões racistas de vários adultos brancos; que detiveram uns residentes do Instituto Mexicano de Seguro Social que tiraram uma foto com o pé amputado de uma paciente; que o dia 18 de março seja o dia em que se celebra a expropriação petroleira; que Eça de Queirós tenha dito famosamente que seu personagem Pacheco era a imagem viva da ostentação do remendo e da austeridade da mancha e que isso já tenha sido consignado aqui antes; que o Ganges está se tornando perigosamente um dos rios mais poluídos do mundo; que o chumbo, o mercúrio, o cadmio e o arsênico se encontrem nos alimentos consumidos cotidianamente; que o México pague cotas de água aos Estados Unidos pelo aproveitamento de uns rios desde 1944; que uns cientistas tenham descoberto duas proteínas em células cancerígenas que poderiam curar cânceres, como a leucemia; que os terroristas usaram uma faca rosa para apunhalar pedestres no atentado de Londres; que um homem de sessenta e seis anos, sua esposa e seu cachorros fossem os primeiros clientes na fila para comprar maconha para uso recreativo, legalizada na Califórnia; que se defina a arte como a eliminação do desnecessário; que no estado de Illinois já se legisle sobre qual dos cônjuges tem direito a ficar com os cachorros depois do divórcio; que uns ladrões tenham tido fome no meio de um assalto e o tenham interrompido para comer um bolo; que o México tenha perdido 50% de seus bosques e selvas; que haja multimilionários que consigam ser multimilionários; que descubram no México uma aranha gigante jamais antes vista; que umas crianças na Bolívia violassem uma menina de seis anos que morreu em consequência das lesões que lhe provocaram; que mesmo sendo um dado conhecido, seja preciso recordar que dois ratos podem dar nascimento a 15 mil; que de repente se verifique o que se sabia faz tempo, que a extrema direita e a extrema esquerda se aproximam perigosamente; que um pai matasse com um tiro sua filha porque não arrumou seu quarto; que caiam bombas em outras regiões do mundo e a vida continue como se não caíssem; que a literatura pode ser um campo de batalha metafórico; que cresçam as cifras de ódio nos Estados Unidos desde que Trump ocupou a presidência de seu país; que em junho de 1836 cinco jovens que caçavam coelhos nos montes do nordeste de Edimburgo encontrassem dezessete ataúdes em miniatura escondidos dentro de uma caverna: cada um deles continha uma pequena figura humana de madeira primorosamente lavrada, calçada com botas pintadas de preto e trajes feitos à medida; que se chame de SAM 100 o robô que transporta e coloca tijolos de forma perfeita; que Nadia Boulanger tenha sido a melhor professora de música da história e que entre seus discípulos estejam Quincy Jones ou Daniel Barenboim; que numerosas pessoas tenham se congregado em uma igreja para ouvir a reverenda Susan Chorley falar do aborto: o seu próprio; que Cranach o Velho pintasse uma virgem intercedendo diante de Cristo pela Humanidade e que dentro de seu manto se refugiassem somente reis e cardeais; que na Geórgia dois policias brancos fossem detidos, quando em um vídeo se mostra que espancaram um motorista negro em uma blitz de trânsito; que em Pyongyang tenham disposto um potente aparato militar; que na Nigéria a unidade anticorrupção encontrasse 43 milhões de dólares em espécie em um apartamento em Lagos; que alguém escreva: Estou lendo em voz alta e que seja estranho agora se ouvir lendo em voz alta; que a obesidade afete a fertilidade feminina; que no quadro de desonra do PRI, recentemente traçado, constem quase vinte ex-governadores; que encontrem nos flancos do Ixtaccíhuatl um corpo d'água próximo do vulcão chamado Nahualac, onde na época pré-hispânica houve um adoratório; que na Inglaterra as mulheres que governaram e governam sejam de uma dureza cavernosa; que Manet tenha pintado a amante mulata de Baudelaire com um enorme vestido branco; que em 1971, Marguerite Duras, Simone Signoret, Jeanne Moreau, Simone de Beauvoir e outras quatrocentas e cinquenta mulheres tenham assinado um manifesto em Paris a favor do aborto e que ainda continue se discutindo em alguns estados da República Mexicana se é lícito o direito ao aborto depois de uma violação; que um casal que sobreviveu ao tiroteio em Las Vegas tenha morrido em um acidente de carro; que Flaubert dissesse que a felicidade é um prazer que nos arruína; que mais de cento e cinquenta tartarugas gigantes que viviam em cativeiro foram liberadas nas Ilhas Galápagos; que a última estação da nova linha férrea que unirá Tel Aviv com Jerusalém levará o nome de Trump; que a violência não dá trégua em Reynosa, que reportem tiroteios, sequestros e bloqueios diários; que o Chapo Guzmán tenha tido sete esposas e dezoito filhos, que tenha havido mais de quinze mortos no atentado no metrô de São Petersburgo, no mês de abril de 2017, e que Putin qualifique de terrorista o ataque ocorrido no supermercado em dezembro desse mesmo ano; que quais poderiam ser as habilidades e profissões que sobreviveriam aos robôs; que a rainha Elizabeth da Inglaterra faça muitíssimos anos vestida de azul celeste dos pés à cabeça, que provavelmente o Príncipe de Gales nunca chegue a ser rei, que o duque de Edimburgo tenha decidido deixar de cumprir com suas funções reais e que a essa altura isso seja peccata minuta; que um advogado egípcio alegue que é um dever nacional violar as mulheres de calças vermelhas; que na Venezuela os protestos contra o governo tenham causado várias mortes; que como mencionava antes, é uma pena que minha mãe não tivesse guardado meu cordão umbilical e que se tenha descoberto recentemente que uma proteína do cordão umbilical dos ratos possa rejuvenescer o cérebro; que a Coreia do Norte ameace com um ataque nuclear de consequências devastadoras; que um deputado mexicano que não foi à universidade peça que as carteiras profissionais se renovem a cada seis anos; que se acredite que o Cartel da Família Michoacana é o responsável pela morte de muitos jornalistas; que os políticos de agora deveriam ver Kagemusha, o filme de Akira Kurosawa; que a CIA divulgasse em novembro de 2017 documentos que indicam que Hitler chegou à Colômbia depois de sobreviver à Segunda Guerra Mundial e também documentos relativos ao assassinato do presidente Kennedy; que todos os 18 de maio se celebre o dia internacional dos museus; que as redes sociais exacerbem o narcisismo; que na sua viagem pelo rio rumo ao Congo, André Gide evocasse o Conrad de O coração das trevas e Sebald narrasse isso de novo em Os anéis de Saturno; que com 35 mil restos ósseos encontrados em fossas clandestinas, as dimensões do desaparecimento no México sejam apavorantes, diz um relatório da ONU; que o presidente Thomas Jefferson não só lesse O Quixote em espanhol, mas que fizesse suas filhas lerem; que uma jovem paquistanesa envenenasse dezoito pessoas que tentavam obrigá-la a se casar contra sua vontade, alegando sem mostrar arrependimento que tem direito de se opor a tais desígnios; que o uso de gás sarin na Síria seja um crime de lesa-humanidade; que seja bom lembrar de novo que Calderón de la Barca escreveu um drama chamado Neste mundo tudo é verdade e tudo é mentira; que Femen seja um movimento feminista recente; que Mary Shelley tenha escrito Frankenstein depois de sofrer vários abortos espontâneos; que além de roubar uma joalheria situada no Salto del Agua na Cidade do México, os assaltantes jogassem gasolina nas empregadas; que haja lugares onde o estranho e o comum, o divergente e o integrado passem a ser a mesma coisa; que Virginia Woolf tenha decidido se suicidar em um rio; que cada dia se celebre algo e se torne o dia internacional desse algo; que até agora haja mais de quinze jornalistas mortos em Veracruz e dois desaparecidos; que seja escandalosa a maneira como a linha United Airlines expulsou de seu avião um passageiro chinês; que Camille Claudel tenha agora seu próprio museu, dado que revela que a situam no mesmo nível de seu mestre e amante Auguste Rodin; que um sacerdote carmelita tenha dito no século XVII que Santa Teresa de Jesus e Sor Juana Inés de la Cruz eram homens e dos mais barbados; que Pascal Quignard declarasse: Leitor, esperava os livros. Na espera do livro, buscava-o como um animal que tem fome e que

Quignard se desculpasse por verbalizá-lo assim; que por sua vez Dostoiévski dissesse que sem livros não é possível a existência e que quando a Amazon surgiu parecia que o livro em sua forma tradicional estivesse em extremo perigo e que, agora, depois de arruinar seus concorrentes, essa transnacional inaugure uma enorme livraria onde antes havia uma de Barnes & Noble; que pensar que o mundo está acabando seja uma reflexão apocalíptica; que se declare que o morcego é um grande aliado da natureza, muitas vezes incompreendido e mitificado e que reapareça o Penacho de Moctezuma; que haja uma doença chamada lipidemia parecida com a obesidade; que já faça oitenta anos do bombardeio de Guernica e que o quadro de Picasso continue sendo emblemático; que a Direção de Assuntos Religiosos da Turquia decrete que as meninas de nove anos e os meninos de doze já estejam em idade de se casar; que nem todas as frases de Kafka sejam admiráveis, por exemplo: Um livro deve ser o machado que destrua nosso gelo interior, ou melhor, que esses textos estejam mal traduzidos ou fora de contexto; que dois homens morressem em uma madrugada depois de um tiroteio em uma rinha de galos no Município de Tamuín, na zona Huasteca de San Luis Potosí; que a Coreia do Norte advirta que com três bombas H o mundo inteiro acabaria; que Jane Austen tenha dito que qualquer pessoa que não ame ler um romance é detestável; que o atual governante dos Estados Unidos seja um dos presidentes mais impopulares depois de seus primeiros cem dias de governo; que eu não saiba quais livros levaria para uma ilha deserta; que na Irlanda se tenha votado universalmente uma lei que permite o aborto sem nenhuma restrição; que as ativistas de Femen votem contra Marine Le Pen, ficando nuas da cintura para cima; que a violência contra os homossexuais tenha atingido níveis preocupantes na Tchetchênia; que ler A peste de Camus setenta anos depois de sua publicação possa parecer semelhante a ouvir as notícias da noite de hoje; que duas mulheres e seus cachorros fossem resgatados no Oceano Pacífico depois de cinco meses navegando à deriva; que Wisława Szymborska tenha escrito um poema extraordinário que começa assim: E quem é esse menino com sua camisetinha/ Mas sim! É Adolfinho, o filho dos Hitler!; que Fernando Pessoa dissesse que ler é sonhar pela mão de outro; que uma adolescente de treze anos tenha bebido meio litro de rum de uma só vez e que sua vida esteja em perigo; que na Turquia estejam sendo abolidos completamente os direitos humanos; que a Venezuela tenha sido um dos países mais ricos da América Latina e agora seja um dos mais pobres; que se dissesse que as eleições do dia 24 de abril de 2017 na França poderiam definir o futuro da Europa; que se declare que não há nada que deveria impedir a legalização da maconha; que vista dos anéis gelados de Saturno, a Terra seja só um ponto preto; que na Cidade do México se respire meia tonelada de fezes por ano; que Umberto Eco tenha dito que o mundo está cheio de livros maravilhosos que ninguém lê; que Epifanía Úveda, a empregada doméstica de Borges, publique um livro com oitenta e dois anos em que conta tudo e o que será tudo?;

que Borges tenha dito famosamente: Não há dia em que não leve a carga do passado infinito; que se pense de novo que é importante ou banal decidir se a literatura deveria ser um campo de batalha metafórico; que Barthes tenha dito O corpo? temos muitos, o do anatomista, o do fisiólogo, o que vê ou o do qual a ciência fala; que Marilyn Monroe tenha sido infeliz; que as redes sociais favoreçam e incrementem a interpretação literal do que se escreve, o narcisismo coletivo, um sentimentalismo extremo e o relato do infraordinário sem objetivo ulterior; que Jackie Kennedy tivesse se casado, por dinheiro?, com Onassis e que Maria Callas tivesse sofrido enormemente quando ele a abandonou e que Callas fosse uma das maiores cantoras do mundo, como o foram Farinelli, Maria Malibran ou Chaliapin no seu tempo; que Nabokov e Gide gostassem de colecionar borboletas e que perguntassem a esse último: O que você busca no Congo? e ele respondesse: Espero chegar ali para saber, e acrescentasse, quanto mais burro o branco é mais ele acha os negros estúpidos; que como pode ser que os cientistas acreditassem que 99% do genoma humano era prescindível?; que Galileu dissesse: Tudo passa e nada passa e seja falsa sua frase mais famosa: Eppur si muove; que se leia que o eufemismo é uma expressão mais suave e decorosa com a qual se substitui outra considerada tabu, de mau gosto, grosseira ou franca demais; que continuem sendo terríveis os golpes de ódio de Deus dos quais César Vallejo tanto se ressentia; que no Peru tenha havido grandes poetas e grandes romancistas; que o jogo chamado A baleia azul seja um sinistro desafio que, através da internet e das redes sociais, convida crianças e adolescentes a superar cinquenta provas (uma por dia) e que a última delas seja o suicídio de seus participantes; que pareça necessário que para que uma notícia no Twitter tenha algum eco seja preciso repeti-la quinhentas vezes na sequência; que um mastim de três anos e de sessenta quilos tenha sido coroado na Califórnia como o cachorro mais feio do mundo; que os fenômenos astronômicos de 2018 serão uma Lua de sangue, chuva de estrelas e meteoritos; que Luis Cardoza y Aragón qualificasse Frida Kahlo de monoteísta ou deusa de si mesma; que outro exemplo perfeito de hipérbato seria um fragmento de Soledades de Luis de Góngora: Quantos me ditou versos doce Musa/ Na solidão confusa; que se pense que na velhice muita substância cinzenta morre; que pudesse se deduzir que, com as redes sociais, a psicanálise seria desnecessária; que a vida não seja feita para durar; que o xamã Theprit Palée, um tailandês de vinte e cinco anos, cravasse um punhal no seu peito para demonstrar que era imortal e morresse na tentativa; que tenha havido um momento em que as vísceras de Nancy Reagan fossem notícia internacional, que seja ou não indiferente que a cinerária seja uma planta grisalha e que a cinerária marítima proteja contra o glaucoma, que as begônias tenham cores que vão do amarelo ao vermelho muito intenso, que em ocasiões a banalidade no Twitter e no Facebook seja esmagadora ou que tenham sido derrubadas sigilosamente seiscentas árvores para construir uma rodovia; que na Antártida Oriental se declare um alerta pela morte massiva de filhotes de pinguins, dos quais só sobreviveram dois; que uma só molécula de água experimente por segundo cerca de 10 trilhões de choques com outras moléculas de água; que Jane Austen pensasse que: São muito poucas as pessoas das quais eu gosto de verdade e ainda menos aquelas das quais eu tenho boa opinião; que se deixe de visitar os amigos pelas distâncias que é preciso percorrer na Cidade do México; que se tenha que pôr os pés no chão para ir ao mercado; que a comunicação virtual se pareça ao deus ausente dos jansenistas; que o corpo do delito seja mais evidente nos romances policiais e que Josefina Ludmer tenha publicado um magnífico ensaio sobre esse tema; que Colette tenha exclamado: Literatura demais, ao ler um livro do jovem Simenon; que não fazer a cama pode causar depressão, mas permite afugentar os ácaros; que se afirme que as pessoas que fumam maconha façam muito mais amor; que saibamos que a aspirina é anti-inflamatória, analgésica, anticancerígena, mas também causa de úlceras estomacais e de hemorragias mortais; que muitos cientistas pensem que as armas nucleares mantêm a paz e salvam vidas; que Tamara Kamenszain escrevesse O livro dos divãs, dedicado em parte a suas sessões de psicanálise; que nas eleições na França tenham triunfado dois personagens fora dos partidos tradicionais; que no México não exista o segundo turno; que escutar o cravo bem temperado de Bach nos reconcilie com o mundo, ou que pelo menos isso ocorra com algumas pessoas; que a anáfora seja outra figura retórica que consiste na repetição intencional de palavras no começo de frases ou de versos geralmente consecutivos e que o hipérbato tenha sido um recurso muito utilizado por vários escritores do Século de Ouro; que um urso polar esquelético busque algo para comer no lixo e faleça dois dias depois; que avisem que o Ganges de Varanasi seja já somente um rio de merda, dejetos plásticos, cinzas, animais mortos, restos de cadáveres carbonizados, rãs gigantes e cegas que se chocam contra os degraus dos cais e que no final do filme Magnólia chovam rãs no lugar de água; que seja possível que as previsões do Apocalipse se cumpram logo; que tenha sido descoberto que existem uns insetos que mastigam plástico e que talvez isso seja a solução para muitos dos problemas atuais; que a Índia se modernize e que uns anúncios espetaculares mostrem mulheres com saris e uma pinta na testa escutando seu celular; que nem alguns republicanos nem alguns democratas apoiem o muro de Trump; que no Brasil e em outros lugares do mundo se investigue a propagação pela internet do desafio da Baleia Azul, cujo objetivo é o suicídio dos participantes; que no dia 24 de abril de 2017 se completem dez anos da despenalização do aborto e da entrada em vigor da interrupção legal da gravidez na Cidade do México; que fosse um eufemismo a frase Solução final para designar o extermínio de milhões durante o nazismo; que os incidentes antissemitas no estado de Nova Iorque aumentassem 70% no primeiro trimestre de 2017; que para alguns se levantar seja o momento mais arriscado do dia; que se deduza que a geração smartphone não esteja preparada para a vida adulta, faça menos sexo e beba pouco álcool; que uns cientistas chineses desenvolvam uma técnica nova de edição genética, conhecida como CRISPR-Cas9; que alguém perca o equilíbrio, escorregue e se enforque acidentalmente; que a organização Women on Waves chegue a costas mexicanas e ajude mulheres que desejam abortar de forma segura e não possam fazê-lo em seus respectivos lugares; que uma fissura na geleira do Antártico esteja muito perto de criar um iceberg do tamanho do estado de Delaware nos Estados Unidos; que a Rússia mande armas aos talibãs; que em Celaya uma mulher encontre o cadáver de sua mãe enterrado no pátio de sua casa; que seja urgente reconhecer o trabalho feminino na preservação do meio ambiente; que como Bach, também Telemann componha variações para o cravo ou que nas manifestações contra Nicolás Maduro na Venezuela tenham morrido muitas pessoas, além de serem registrados mais de cem feridos e quase oitocentos detidos; que os pais das famílias queixem-se de que não haja avanços nem resultados concretos no caso Ayotzinapa; que se pense que há fornos crematórios nos quartéis militares; que haja necessidade de voltar a refletir sobre a União Europeia; que de 2012 a 2014 aumentasse 225% o número de adolescentes desaparecidos no México; que a Universidade de Michigan adquirisse cartas e documentos do jovem Orson Welles; que ainda se produzam quinhentas mil mortes por ano pela malária; que muitos músicos tenham composto música memorável com pequenos temas e suas variações, Bach, Mozart, Haydn, Beethoven, Schubert, Schumann,

Brahms; que uma humanoide chinesa já possa responder perguntas básicas de um cientista; que se continue proibindo o aborto por questões morais, apesar de que cada vez haverá mais robôs e a raça humana será descartável e que a cibersegurança e a competição desleal sejam os novos desafios que os robôs apresentam; que as férias e as verduras aumentassem muito depois da quaresma; que a cidade de Medellín na Colômbia fosse em 1993 a urbe mais violenta do planeta, com 381 homicídios por cada 100 mil habitantes, e que hoje a taxa seja de 23; que muitas vezes as pessoas confundam o algoritmo com o logaritmo; que algumas mulheres sofram de ataques disfóricos pré-menstruais; que um lugar especializado em calçados publique que antes de colocar um par de sapatos seja preciso verificar se já não se está calçado; que o Parkinson apareça quando um tipo de neurônio chamado dopaminérgicas morre; que o coração tenha quatro válvulas que às vezes se deterioram; que se retorne ao uso de sanguessugas como remédio médico; que houvesse um saldo de sessenta e seis policiais feridos, vinte casas e carros queimados, depois de um confronto com indígenas em Oxchuc, Yucatán; que Sophia seja um androide criado por Hanson Robotics, uma empresa americana que projeta robôs humanoides capazes de manter uma conversa, e que, construída de silicone, ela possa realizar movimentos faciais e aprender sobre a interação com as pessoas; que o que aconteceria se a força de trabalho dos emigrantes desaparecesse na Califórnia?; que Lula continua sendo um dos candidatos favoritos para ganhar as próximas eleições no Brasil, apesar dos julgamentos que enfrenta; que parecesse que caiu do céu em San Diego um carregamento de metanfetamina, da fronteira com o México; que depois da liberação do campo de extermínio Buchenwald, no dia 11 de abril de 1945, um dos prisioneiros sobreviventes, o engenheiro químico austríaco Gustav Wegerer lembraria que o doutor Erich Wagner, médico das SS, trabalhou em uma tese de doutorado sobre tatuagens e que, surpreendentemente, todos os prisioneiros aos quais ordenou comparecer à sua consulta morreram e tiveram suas tatuagens arrancadas, e não seria arriscado assumir que foram liquidados por ele no edifício do hospital; que por uma conferência o ex-presidente Obama receba 400 mil dólares, Bill Clinton 250 mil e que José Mujica, o ex-presidente do Uruguai o julgue como uma aberração; que Kafka fosse vegetariano e tivesse medo de falar pelo telefone e exigisse que seus editores nunca colocassem um inseto na capa de A metamorfose; que Oscar Wilde tenha dito no final do século XIX que vivemos em uma época na qual certas coisas desnecessárias são nossas únicas necessidades; que quando nas redes sociais etiquetam frases que não são suas elas são consideradas como suas e que seja curioso o uso da palavra etiquetar nesse sentido; que Simone Veil dissesse em 2008: Quando estiver a ponto de morrer, pensarei na Shoa; que Putin elogie, talvez com ironia, a simplicidade do presidente americano; que quase em todas as obras para piano de Schubert se ouça como os temas dialogam entre si; que se pense que uma sociedade ensimesmada, em que muitos não se preocupam com as coisas em comum, seja o caldo de cultura para a tirania; que a palavra hiperbolário seja um híbrido entre a egolatria e a hipérbole; que o jogo A baleia azul, que culmina em suicídios entre adolescentes, tenha recebido esse nome em referência às baleias que se suicidam coletivamente nas margens do mar; que Maurice Maeterlinck tenha utilizado a expressão O espírito da colmeia para descrever o nume todo-poderoso, enigmático e paradoxal ao qual as abelhas parecem obedecer, e que a razão dos homens jamais chegou a compreender, explica o cineasta espanhol Víctor Erice para justificar por que deu esse nome a um filme em que o protagonista é justamente um apicultor; que um passarinho muito pequeno colidisse contra os vidros de uma estufa; que na Alemanha se proíba que as muçulmanas usem o véu integral; que Theresa May se pareça a Margaret Thatcher e que curiosamente seja ela que, ao impor o Brexit, possa romper o projeto de globalização que sua antecessora impôs junto com Ronald Reagan; que Trump tenha decretado que a capital de Israel será trasladada de Tel Aviv a Jerusalém e que isso poderia provocar uma nova intifada; que com o Google e a Wikipédia todos se tornem sábios; que seja preciso ter cuidado com o protetor solar, porque beneficia a pele humana, mas polui a natureza; que ao longo de sua vida o inglês Isaac Newton, físico, matemático, teólogo e filósofo natural, pronunciasse inumeráveis frases que passaram à história, como por exemplo: Platão é meu amigo, Aristóteles é meu amigo, mas meu melhor amigo é a verdade; que tenha havido uma personagem conhecida como o homem sêmen em um povoado francês habitado só por mulheres que compartilhavam um só homem; que se persiga os homossexuais na Tchetchênia e em outros lugares do mundo; que se tenha filmado um vídeo em que um guarda de trânsito muda de lugar uma motocicleta estacionada em uma zona correta para se vingar e poder cobrar propina; que o preço do cobre suba 30% e os principais produtores do mundo estejam na América do Sul; que o governo de Nicolás Maduro anuncie que se retira da OEA e Israel da UNESCO; que Nuevo León seja o estado da República mexicana onde a crise carcerária tenha provocado mais mortos do que em nenhuma outra parte do México; que de novo o ano esteja acabando; que os latidos do presidente da nação vizinha sejam mais fortes do que suas mordidas; que Ueli Steck, um extraordinário alpinista, tenha morrido durante uma prática perto do Everest; que se designe com o nome de Faulkner umas cascas de batata recheadas de bacon, azeitonas e peru; que o massacre ocorrido durante a operação policial em Temixco implicaria um crime de lesa-humanidade e que a CNDH tenha assumido o caso; que no dia 30 de abril de 2017, além de comemorar o dia da Criança, se comemorasse o final da guerra do Vietnam que começou em 1959, um conflito internacional que envolveu quase quarenta países; que nos jardins floresçam hortênsias de um azul muito intenso e que fossem encontradas as cabeças de dois homens em um caminho entre duas comunidades em Zamora; que as autoridades não quisessem reconhecer que a matança de armênios no início do século XX foi um genocídio; que em um hospital da Inglaterra designassem camas contíguas a um casal, com motivo do 77º aniversário de seu casamento, e que ambos cônjuges morressem com catorze horas de diferença; que fortes tornados assolaram o Texas, como o Harvey; que Wisława Szymborska, que obteve o Prêmio Nobel em 1996, tenha mantido uma extraordinária relação durante mais de vinte anos com o escritor Kornel Filipowicz; que chamem a ministra conservadora que governa o Reino Unido de Theresa Maybe; que predomine uma onda de altos calores no país quase todo e que isso seja um sintoma da mudança climática; que a que se deve que os americanos gostem tanto de armas e que seja verdade que o racismo é uma cara da desigualdade; que em uma cidade francesa os aldeões acusassem, em 1552, porcos e ratas de comer sua cevada e que um juiz os tenha intimado; que o Papa acredite que o conflito entre os Estados Unidos e a Coreia do Norte esquentou demais; que as mulheres que não se casavam fossem estigmatizadas ao longo da história como estranhas, feias ou fracassadas; que no futuro haverá mais luas rosas e chuva de estrelas como as Perseidas; que uma jovem colombiana se suicidasse ao ver que seu namorado estava beijando outra; que há aqueles que digam que Macri está arruinando a Argentina; que as companhias aéreas dos Estados Unidos se comprometam a reduzir o overbooking de passagens e a não evacuar os passageiros à força; que uma pesquisadora mexicana do instituto de biomédicas da UNAM tenha ganhado uma bolsa internacional de genética e tenha sido escolhida entre mais de sessenta mil candidatos; que às vezes um angiologista se importe mais com as veias e as artérias e deixe de lado o coração; que o lírio aquático possa deixar de ser uma praga e virar um recurso sustentável; que a rainha Letizia tenha usado um deslumbrante vestido vermelho e assimétrico na sua viagem oficial à Holanda e que alguma vez tenha aparecido nua na capa de uma revista; que as pinturas rupestres da Baixa Califórnia sejam maravilhosas e pouco apreciadas; que em 2050 haverá 2 bilhões de adultos velhos no mundo; que seja importante pôr um ponto final neste livro; que houvesse vinte e sete feridos por turbulência em um voo da Aeroflot; que umas crianças de Hong Kong criem um aplicativo para combater o tráfico de pessoas; que tenha havido um tempo em que se escreviam cartas e postais; que Johnny Depp seja acusado de sofrer uma compulsão excessiva para o gasto; que de repente se abra o muro fronteiriço entre Estados Unidos e México para que os membros de famílias separadas possam se ver e se abraçar por um breve momento e que isso nos lembre o muro de Berlim; que haja uma crise pela violência que se sofre em mais da metade do território nacional; que as baixas temperaturas e a onda de frio polar que assola os Estados Unidos e o Canadá tenham provocado uma nova moda nas redes: a água fervendo que se torna neve por uns segundos; que a lipoaspiração tenha sido inventada por um cirurgião italiano e seu filho; que seja uma catástrofe que a extrema direita esteja se apoderando do mundo; que um espírito vil, uma vez redimido da opressão, torne-se ele mesmo opressor, disse alguma vez Fiódor Dostoiévski; que além de uma cifose e de uma escoliose severas se possa sofrer de uma lordose muito acentuada; que se tenha produzido um vento tão forte que várias árvores caíram e se gerasse uma chuva de folhas e de pó; que a Índia deixasse de comercializar com a Coreia do Norte, excetuando os remédios e alguns alimentos, devido à tensão que se está gerando na região; que embora seja tarde e óbvio, seja saudável que se reconheça que as mulheres conquistaram o direito de viver para outra coisa que não seja sua casa, que tenham permissão para decidir sobre sua fecundidade, embora isso não seja infelizmente um fato universal e que se reconheça que a menstruação não as faz perder a inteligência; que Jane Austen não tivesse muito boa opinião da espécie humana e que Juan Rulfo tenha criado uma personagem inesquecível cuja máxima característica fosse ser um rancor vivo; que uma mulher carregasse o cadáver do seu filho embrulhado em plástico para levá-lo a Puebla e lhe dar sepultura; que haja roubo de peiote em San Luis Potosí; que o Qatar tenha se tornado o patinho feio dos Emirados Árabes; que cada vez seja mais insuportável viajar de avião; que mandassem a Ruanda dez rinocerontes procedentes da África do Sul com o fim de preservar a espécie; que Dámaso López fosse o chefe de uma das quatro células do Cartel de Sinaloa que disputavam seu controle; que 1,4 milhões de crianças da Somália se encontrem em risco de padecer de desnutrição aguda; que um comerciante de obras de arte tenha esquecido um quadro de mais de um milhão de dólares em um táxi; que se Marine Le Pen tivesse ganhado as eleições teria querido impor que circulassem ao mesmo tempo dois tipos de moedas em seu país; que o jurista e político indiano Ambedkar, primeiro personagem da casta dos intocáveis na Índia a ir à universidade, tenha dito em setembro de 1932: os Mahatmas vão e vêm, mas os intocáveis continuam sendo intocáveis e que o último livro de Arundhati Roy trate desse mesmo tema; que em março de 2017 entrassem no México 2,52 bilhões de pesos por remessas dos emigrantes, a maior quantidade em mais de oito anos; que Luis Miguel, o cantor mexicano, fosse detido em Los Angeles por descumprimento de contrato e para evitar ir para a prisão tenha tido que pagar uma fiança de um milhão de dólares e que quase ao mesmo tempo tenham detido no México Dámaso López, o narcotraficante que pretendia substituir o Chapo Guzmán no Cartel de Sinaloa; que a questão racial continue dividindo radicalmente os Estados Unidos; que na Grécia antiga nem as mulheres nem os escravos fossem cidadãos; que tenha sido um crime de guerra de Bush, Blair e Aznar ter invadido o Iraque em 2002; que votar em branco favoreça a extrema direita; que por fim tenham extraditado o ex-governador de Quintana Roo, Roberto Borge, para julgá-lo por lavagem de dinheiro; que pastores citas de mil anos atrás alterassem os genomas dos cavalos selvagens para domesticá-los, como se revela em fósseis encontrados em jazidas arqueológicas; que o colágeno hidrolisado permita retardar danos nas articulações e que a asma seja uma doença crônica que afeta as vias respiratórias; que um ministro da Índia tenha oferecido dez mil bates para que as recém-casadas batam em seus maridos se estes ficam bêbados e que o Mahabharata seja e será sempre a enciclopédia cultural da Índia, e o Kama Sutra, um manual excepcional para praticar o erotismo; que diariamente morram e morram e morram mais jornalistas no México, e?; que jovens cientistas mexicanos inventem uma luva prodigiosa que pode detectar doenças cardíacas e salvar por isso a vida de muitas pessoas; que na década de sessenta em Monterey, Califórnia, um professor anunciasse que só restavam duzentas baleias azuis no mundo e que hoje se leia que só restam trinta vaquitas marinhas no mundo; que Gandhi dissesse em 1921 que matar um ser humano para salvar uma vaca é contradizer os preceitos do hinduísmo; que antes os advogados eram chamados de licenciados e que quando estavam desempregados se tornavam motoristas de bonde, e que agora se tornem narcotraficantes; que um massagista decidisse que nesta vida é preciso sofrer e que Ésquilo e Shakespeare concordassem; que na Malásia uma menina de doze anos fosse expulsa de um torneio de xadrez porque seu vestido suscitava tentação quando era vista de certo ângulo; que haja truques para queimar a gordura abdominal durante as noites; que a professora que conquistou Macron se chame Brigitte; que Tony Blair diga que está disposto a sujar as mãos para evitar o Brexit; que exista um método para eliminar as manchas da velhice; que na estrada de Puebla vários sujeitos matem um bebê, violem sua mãe e sua irmã de doze anos; que um americano seja detido na Coreia do Norte por tentar derrubar o regime de Kim

Jong-un; que o aquecimento global esteja derretendo a passos largos o Oceano Ártico e que se encontrem exorbitantes níveis de um poluente proibido há quarenta anos dentro de uma orca; que Meryl Streep peça a Ivanka e Melania Trump que tomem posição diante do assédio sexual; que tenha havido um tiroteio em uma universidade americana, desta vez, Austin; que o grande cineasta David Lynch seja também pintor; que para contrabalançar o jogo macabro A baleia azul tenha sido inventado A baleia rosa; que na China consideram que as mulheres solteiras de mais de vinte e sete anos estão sobrando; que Kafka tenha nascido no dia 4 de julho de 1883 e que um fisioterapeuta assegure que os humanos são assimétricos; que Colombo tenha empreendido sua viagem buscando especiarias no que ele pensava que eram as Índias, e que elas fossem necessárias então para conservar a comida e que a pimenta continue sendo uma das especiarias mais cobiçadas; que encontrem uma jovem morta e amarrada a uma cabine telefônica na Cidade Universitária; que Georges Perec tenha escrito um livro em que dá instruções de como viver; que seja curioso que tudo agora tenha uma genealogia; que a Noruega seja o lugar ideal para um escritor; que testes levados a cabo em laboratórios da Terra com compostos de Marte tenham comprovado que sua superfície contém um coquetel tóxico de substâncias químicas que podem destruir qualquer organismo vivo e que isso indica que não poderá haver vida humana lá; que milhões de usuários tenham sido afetados por uma queda momentânea do WhatsApp; que em Ohio um homem assalte um banco para dar de presente um anel de brilhantes a sua namorada; que esteja começando uma campanha para eliminar os canudos de plástico; que tenham detido em flagrante uma gangue de ladrões de pneus em Colonia Condesa, ao lado de um prédio da rua Fernando Montes de Oca, e nessa região haja muitos restaurantes; que uma anciã tenha perdido sua pensão porque superou os cento e dez anos de idade; que os Estados Unidos realizem outro teste com míssil intercontinental no meio das tensões com a Coreia do Norte; que os trabalhadores ainda tenham que fazer manifestações para obter melhores condições de trabalho e melhores salários; que ainda seja difícil ganhar certas batalhas, por exemplo, a do aborto ou a do casamento entre pessoas do mesmo sexo; que já esteja online o arquivo de O livro do desassossego de Pessoa; que Porto Rico esteja totalmente falido; que, como se fossem fatos reais, se difundam notícias falsas manipuladas com fins políticos; que a arte conceitual seja frequentemente uma farsa total; que o consumo de bebidas açucaradas não só estimule a obesidade mas também deteriore a memória; que os Estados Unidos rejeite de maneira ilegal milhares de solicitantes de asilo; que se possa recorrer aos centões na escrita e que um centão se defina como uma obra literária composta inteiramente, ou na maior parte, de fragmentos, sentenças ou expressões de outras obras ou autores, que em ocasiões possa lhe ser dado um sentido pejorativo e que, em sua novela Viagem de inverno, Georges Perec tenha praticado e filosofado sobre o centão e na trama se demonstre que as frases tomadas dos diversos escritores que conformam seu livro foram escritas antes de que esses autores existissem; que agora a Rússia de Putin tenha se tornado aliada dos líderes de extrema direita no mundo; que faz pouco tempo tivesse havido um pequeno tornado na Cidade do México que derrubou árvores e desatou ventos muito fortes e que esse fenômeno, privativo dos Estados Unidos, comece a acontecer neste país; que o lado direito das pessoas seja mais sensível que o esquerdo; que os extremos se toquem; que o aquecimento global poderia fazer o nível do mar subir mais de três metros nos próximos oitenta anos; que um corpo de bombeiros não tenha conseguido apagar um incêndio em Morelia, Michoacán; que a história de umas cinzas transformadas em diamante seja apenas um truque publicitário para chamar a atenção; que Karl Marx esteja enterrado no cemitério de Highgate em Londres; que encontrem 375 cobiçadas bexigas de corvina branca nas malas de alguns passageiros no aeroporto de Tijuana; que o filósofo Peter Godfrey-Smith sustente que os polvos são o mais parecido a uma inteligência extraterrestre na Terra e que assuma que nessas mentes estranhas se revelam vestígios do caminho que seguimos para nos tornarmos o que agora somos; que Marcel Duchamp continue sendo referência obrigatória para a arte conceitual; que houvesse uma exposição dedicada a Hans Arp no museu de Arte Moderna e que se exibisse ali uma estátua de Jacobo Glantz, que Hassan Massoudy, o grande calígrafo do século V a.C., dissesse que: É de barro, mas o vazio faz o copo; que acabe de ser descoberto um fóssil no Marrocos que remonta a cem mil anos atrás o aparecimento do Homo Sapiens, o que indica que nossa espécie é muito mais antiga do que se acreditava e que se desenvolveu no continente africano; que já esteja adiantado o protocolo para quando a rainha Elizabeth da Inglaterra morrer; que se afirme que a solução para o escasso crescimento do México poderia estar na política industrial da China; que a gordura que se acumula no estômago duplique o risco de mortalidade e que o açúcar possa proteger contra certos tumores cerebrais, mas favoreça a diabete; que se diga que os ovos aumentam o colesterol ou que isso não seja verdade; que em seu magnífico livro O fio e os rastros, Carlo Ginzburg fale do verdadeiro, do falso e do fictício; que José e Liso, os dois leões resgatados de um circo no Peru, fossem decapitados em um santuário da África do Sul; que no mês de fevereiro de 2017 os mexicanos demonstrassem que preferem os produtos estrangeiros aos mexicanos; que o Nevado de Toluca tenha tido muita neve em janeiro de 2018; que o Google pagasse 306 milhões de euros para a Itália por evasão de impostos; que tenha sido encontrada uma enzima que permite detectar a tempo o câncer no fígado e que uma intervenção no coração possa provocar hemorragias ou danos no sistema nervoso central; que no México haja um roubo e um morto a cada cinco minutos; que uma criança morra calcinada em um ritual satânico e que sua mãe seja a assassina; que a alegoria fosse um recurso literário utilizado pela maioria dos escritores até meados do século XIX; que uma tempestade de areia assolasse Pequim; que o Tratado de Livre

Comércio esteja em perigo e que as autoridades mexicanas se negassem a negociá-lo através das redes sociais; que um casal de lésbicas turcas acabasse na prisão pela denúncia do pai de uma delas; que muito em breve se publique o centésimo romance de César Aira; que na Venezuela o salário mínimo não seja suficiente para comprar comida e muito provavelmente aqui também não; que a letra K seja a letra primordial do ladino sefaradi, portanto, a letra judio-espanhola por antonomásia; que o observatório SOFIA da NASA confirme a presença de um sistema planetário a 10,5 anos-luz da Terra; que para melhorar a escoliose seja útil respirar fundo e levar o umbigo para o lado; que o signo hashtag que agora se usa para criar tendências no Twitter se conhecesse antes como jogo da velha; que em 41% dos filmes aptos para crianças e adolescentes apareçam marcas de bebidas alcoólicas; que o projeto de Os 100 mil livros de Mario Bellatín fosse apresentado em Kassel no congresso da Documenta; que logo haverá aviões comerciais que utilizem a energia solar; que em um dia 5 de maio de 1818 nascesse Karl Marx e que pouca gente ainda se importe; que um dos objetivos do Estado Islâmico seja destruir sítios arqueológicos e de culto, de enorme importância; que enforquem no Irã um jovem de dezessete anos que sequestrou e violou uma menina de seis anos; que a Procuradoria do Distrito Federal tenha alegado, como justificativa, que a jovem assassinada na Cidade Universitária faz alguns meses era uma jovem viciada, vagabunda e, além disso, pobre; que o presidente Recep Tayyip Erdogan da Turquia decrete que a partir de 2018 se deixará de ensinar a teoria da evolução de Charles Darwin nas escolas de todo o país por discutível, controversa e complicada e que, com isso, imite a Arábia Saudita, outro país com uma interpretação semelhante do islã; que Ésquilo tenha dito: O cheiro de sangue não se aparta dos meus olhos e Francis Bacon o tenha repetido e pintado; que na Coreia do Norte se pudesse provocar a erupção de um vulcão devido a provas nucleares; que a UNAM anuncie o fim de sua relação de trabalho com Marcelino Perelló; que Perelló, líder do movimento estudantil e falecido em agosto de 2017, dissesse em um programa de rádio: A violação implica necessariamente caralho. Se não há caralho não há violação. E reiterasse: Com cabos de vassoura, dedos e vibradores não há violação; que em uma manifestação na Cidade Universitária, centenas proclamassem: Ni una asesinada más, após a morte de Lesvy; que encontrem o cadáver de uma jovem de dezessete anos reportada como desaparecida em Sinaloa; que umas crianças festejassem o retorno à escola de uma menina que tinha perdido uma perna, substituída por uma prótese cor de rosa; que arqueólogos espanhóis e egípcios tenham descoberto os vestígios do primeiro jardim funerário dos antigos faraós; que no tiroteio nos escritórios do PRI em Nezahualcóyotl tenha havido ao menos quatro mortos; que a NASA difundisse imagens da nave espacial Cassini na sua passagem por Saturno; que seja detido um agente do Ministério Público e sua assistente na Cidade do México por extorquir uma vítima de roubo; que o avestruz seja a maior ave que existe e o colibri a menor; que em Palmarito, Puebla, protestem pela presença militar e que depois dos confrontos denunciem a morte de vários civis; que se leia nos cartazes de uma manifestação contra a Feira da gestação por substituição em Madrid: Meu corpo não se aluga, nem se vende; que Trump reconheça que sem o Twitter não seria presidente; que tenha sido fabricado na Universidade de Stanford um robô-tentáculo que salvará os soterrados em terremotos; que se diga que Ronan Farrow, o filho de Mia Farrow, foi quem denunciou os abusos sexuais de Harvey Weinstein, quem por sua vez incentivara Woody Allen a retomar sua carreira; que a Índia tenha decretado executar os violadores de um caso que desatou protestos massivos; que um traficante que explora o desespero dos refugiados sírios que vendem seus órgãos diga: Não me importa que morram; que as emissões tóxicas produzidas pelo desperdício de comida no México sejam equivalentes às emissões anuais de 14.754.584 carros; que o furacão Harvey tenha causado inundações e danos sem precedentes em Houston; que a chuva de estrelas Eta Aquáridas alcançasse em breve seu ponto máximo; que no dia 3 de junho de 2017 morresse Juan Goytisolo; que seja provável que as doenças cardíacas possam ser evitadas em 46% se se vai trabalhar de bicicleta; que a companhia Samsonite tente desenvolver uma tecnologia que permita ao viajante falar com sua mala; que seja importante saber por que os porta-aviões são considerados um símbolo de poderio militar e quais são os onze países que os têm; que um aluno da UNAM obtenha o Prêmio Weizmann 2016 em Ciências Exatas; que cientistas da agrupação Coherent desenvolvessem um detector que capta um tipo de interação entre neutrinos e a matéria que no futuro permitirá fabricar outro tipo de sensores para incrementar a segurança ao trabalhar com reações nucleares; que se chame de senhorita inafundável a argentina que sobreviveu ao naufrágio do Titanic, do Britannic e ao choque do Olympic; que o músculo cardíaco, como qualquer outro órgão ou tecido do corpo, precise de sangue rico em oxigênio para sobreviver; que no Everest morresse um alpinista de oitenta e cinco anos que pretendia ser o escalador mais longevo dessa montanha; que se presuma que as aves são capazes de aprender estruturas gramaticais abstratas; que Emmanuel Macron tenha ganhado as eleições presidenciais francesas e que chame a atenção de muitos o fato de que sua mulher seja muitos anos mais velha do que ele; que se diga que as terras secas no mundo ocultam em seu interior um bosque tão grande como a selva amazônica; que os suplementos de vitaminas não sejam a única opção contra o cansaço; que um motorista perca o controle do seu carro e se choque contra um poste em Coyoacán e deixe várias moradias sem eletricidade; que a rota aérea mais longa do mundo tenha sido a do Qatar à Nova Zelândia e tenha durado dezessete horas e trinta minutos; que segundo informação do Banco Mundial os trabalhadores mexicanos recebam os salários mais baixos de toda a América Latina; que haja uma denúncia contra Nicolás Maduro por ter financiado de maneira ilegal vários milhões de dólares não declarados durante a última campanha eleitoral de

Hugo Chávez; que o artista basco Txuspo Poyo faça um elefante andar no túnel abandonado de La Engaña, entre Burgos e Cantábria; que comece um hackeio massivo que afeta os computadores do mundo todo; que políticos liberais digam: enquanto os republicanos continuarem apoiando o governo atual favorecem também a destruição da democracia americana; que Nemo, o cachorro do presidente Macron, tenha urinado em plena sessão oficial; que um dos artigos da constituição americana permita destituir um presidente se é doente mental; que Derrick Campana coloque próteses em elefantes, cavalos e cachorros; que o diretor de um banco de esperma na Holanda tenha sido o pai de vinte e três crianças e seja processado depois de morto; que em Roma o lixo esteja acabando com a cidade; que as concessões para explorar minas sejam um presente de ouro para donos e uma condenação para os países onde se encontram; que se difunda uma notícia que afirma que o presidente da Venezuela despediu a ministra da Saúde porque ela revelou dados do aumento de mais de 66% das mortes de parturientes e bebês recém-nascidos por falta de medicamentos; que um menino do quarto ano do fundamental escreva: Poesia é um ovo com um cavalo dentro; que Robert Walser tenha assegurado que quanto menos ação e menor for o entorno de que um poeta precisa, tanto maior costuma ser seu talento; que no Porto um homem bata na sua mulher com um martelo com espetos e o tribunal o absolva amparando-se na Bíblia que diz ao pé da letra: O adultério da mulher é um atentado gravíssimo contra a honra e a dignidade do homem; que se afirme que os genéricos são seguros e ajudam a que o preço dos remédios diminua; que em um terminal do norte da Cidade do México apreendam tartarugas, crocodilos e iguanas; que uma avó venda seu neto ainda não nascido por oitenta mil pesos, mais gastos hospitalares; que o Twitter seja a arma favorita de quem agora governa os Estados Unidos; que um homem consiga escapar da casa onde estava sequestrado, peça ajuda e as autoridades detenham seus captores; que cresça a disputa entre os Tequileros, a Família Michoacana e os grupos paramilitares em Guerrero e morram oito pessoas em um confronto; que o México tenha se transformado em um imenso cemitério; que a mentira tenha se constituído como pós-verdade; que os cardiologistas sejam intervencionistas e que o exercício da medicina tenha se compartimentado e especializado tanto que um angiologista não sabe mais o suficiente acerca do coração para tratar suas doenças; que o fato de que o corpo tenha se fragmentado demais irrite e desconcerte, mas seja interessante para a literatura; que os editores e os agentes literários se interessem cada vez menos por seus autores e cada vez mais por seus rendimentos; que os habitantes do Triángulo Rojo roubem combustível porque pensam que tudo o que passa por suas terras pertence a eles e que chamem quem rouba combustível de huachicoleros; que tenham liberado Mireles, o líder dos grupos paramilitares em Michoacán; que seja difícil encontrar um em um milhão; que o termo hipérbole se refira à figura retórica que incrementa ou reduz; que não sei o que é mais irritante: Que uma mulher madura seja chamada de mãe ou dona; que seria interessante saber como conseguiu a paternidade o pai de todas as bombas; que a invasão do Iraque tenha ocasionado tantos desequilíbrios e tragédias; que um marca-passo artificial seja um dispositivo eletrônico que envia impulsos ao coração para que mantenha seu ritmo normal; que a tese de doutorado de Stephen Hawking fizesse colapsar o site da Universidade de Cambridge; que quando o cardiologista nova-iorquino Albert Hyman inventou o primeiro marca-passo artificial em 1933 se gerasse uma grande controvérsia na comunidade científica da época, ele foi acusado de interferir na lógica da natureza e tentar reviver os mortos, e que em 1958 o cardiologista colombiano Jorge Reynolds Pombo implantasse o primeiro marca-passo externo, mas que o máximo avanço chegasse nesse mesmo ano da mão do sueco Åke Senning, que foi capaz de criar um marca-passo que funcionava dentro do corpo; que René Gerónimo Favaloro fosse um prestigioso educador e cirurgião cardíaco argentino, reconhecido mundialmente por ter desenvolvido o by-pass coronário empregando a veia safena; que eu tenha escrito um livro sobre o coração e desconhecesse muitas coisas desse órgão, por exemplo qual é a veia safena; que Favaloro tenha se suicidado com um tiro no coração porque sua fundação tinha ido à falência e o governo de De la Rúa não quis lhe proporcionar fundos e que nessa época provocou-se uma das maiores crises pelas quais a Argentina passou, a do corralito; que embora os traços de Sophia lembrem a atriz Audrey Hepburn, ela não passará à história por sua beleza, mas por ser o primeiro robô em obter a cidadania de um país; que a válvula bicúspide fosse conhecida também como válvula mitral; que assassinassem Miriam Rodríguez que encontrou esquartejado o corpo de sua filha e descobriu dois de seus assassinos; que haja voluntários que ajudam pessoas com deficiência a sentir prazer sexual; que no futuro estará em jogo Al Udeid, a base aérea vital para os Estados Unidos pela disputa diplomática com o Qatar; que os americanos estejam mais em risco de morrer assassinados por uma bala dos seus concidadãos do que por um ataque terrorista e que tenha havido 166 assassinatos massivos em 14 países entre 2000 e 2014, dos quais 133 ocorreram nos Estados Unidos; que Michel Temer tivesse um nível baixo de aprovação no Brasil e mantivesse o país em recessão econômica e alto desemprego, que tenha cometido fraudes, que seja acusado disso e ainda não tenha sido condenado e que Dilma Rousseff, acusada do mesmo, tenha sido destituída da presidência do Brasil; que o guru da internet Kaspersky calcule que ocorreram mais de 45 mil ciberataques perpetrados pelo vírus do tipo ransomware no mundo todo; que ler notícias no México é como ler mil obituários em um segundo; que eu pense na hipérbole como a figura retórica que se neutraliza a si mesma; que um stent (endoprótese vascular) de artéria coronária seja um pequeno tubo de malha de metal que se expande dentro de uma artéria do coração para permitir o livre fluxo sanguíneo que se encontrava obstruído; que tenham se completado sete anos do fechamento da Compañía Mexicana de Aviación e Gastón Azcárraga não tenha sido responsabilizado; que o Brasil tenha o recorde de assassinatos no século XXI: entre 2001 e 2015 houve 786.870 homicídios, a maioria causados por armas de fogo e contra jovens negros; que as sonatas de Scarlatti sejam lindas embora sejam quase idênticas entre si; que David Lynch declarasse em uma entrevista que ainda jovem descobriu que debaixo da superfície há outro mundo e que, quanto mais se escava, aparecem mais e mais mundos diferentes e que há algo bom no céu azul e nas flores, mas outra força, uma dor selvagem, uma deterioração, também acompanha tudo; que se sustente que os cento e quarenta caracteres obrigatórios do Twitter estejam estragando a sintaxe; que se verifique ao escrever que pôr um advérbio antes ou depois de uma palavra muda o sentido dessa palavra e que a ordem dos fatores em literatura altere radicalmente o produto; que somente haja quatro países no mundo com uma economia maior do que a Califórnia: a China, o Japão, o Reino Unido e a Alemanha (além, claro, dos Estados Unidos); que não sejam iguais um marca-passo e um by-pass e que a veia safena seja diferente da veia cava; que para fazer uma tomografia seja necessário fazer um exame de creatinina no sangue; que o contraste usado para as tomografias seja tóxico e danifique o fígado; que o colesterol muito ácido, o ácido úrico e a idade obstruam a válvula aórtica; que um companheiro sentimental tenha assassinado Marie Trintignant, a filha do famoso ator francês; que em 2017 três pessoas aparecessem mortas no campus da UNAM; que um novo fóssil encontrado no Brasil exija reescrever a história dos dinossauros; que os hospitais na Grã Bretanha estejam reportando grandes danos e suspensão de atividades depois do ciberataque massivo que atingiu mais de noventa e cinco países; que alguma vez Jean Louis Trintignant fosse companheiro de Brigitte Bardot; que seja fascinante a dependência que pode existir entre uma mosca e um dinossauro, o animal preferido de Tito Monterroso; que sejam resgatados vinte veados-de-cauda-branca em Parral; que o New York Times revelasse que o presidente do México contratou um software espião para vigiar jornalistas e defensores de direitos humanos; que o dignatário máximo dos Estados Unidos ataque o México e a Alemanha, mas que nos Estados Unidos compre carros alemães feitos no México; que o único lobo branco que vivia no parque americano de Yellowstone tenha sido assassinado por um caçador furtivo e que tenha nascido a primeira loba cinza na reserva ecológica da UNAM; que em Touna el-Gabal, Egito central, tenham sido encontradas dezessete múmias em umas catacumbas; que se imprimam instruções nos pacotes de abacates vendidos no Reino Unido para que ao parti-los as pessoas não se machuquem e que para evitá-lo se conseguiu criar um tipo de abacate que não tem caroço; que surpreenda que Putin toque bem o piano; que seja útil lembrar que os nazistas amavam mais seus cachorros do que os judeus; que homens armados tenham assassinado o prefeito de Novolato; que uns cientistas assegurem que um imenso tubarão da Groenlândia viveu cerca de quinhentos e doze anos; que Noam Chomsky diga que o partido republicano dos Estados Unidos é a organização mais perigosa do mundo; que nos assombre que a Estônia, um pequeno país báltico, saiba se proteger melhor do que outros países dos ataques cibernéticos massivos; que no dia 13 de maio de 2010 uns arqueólogos descobrissem na zona de Toniná, Chiapas, uma pirâmide mais alta do que a do Sol em Teotihuacán; que a melhor, embora mais óbvia, comparação para definir os terrorismos, seja de que se trata de uma hidra com mil cabeças; que pesquisadores dos Estados Unidos suspeitem que os russos criaram uma notícia falsa para desatar a crise do Qatar; que haja uma figura retórica chamada clonasmo, pouco conhecida, mas que na realidade é uma das variantes da ironia e consiste em atribuir a alguém as boas qualidades das quais carece e, a seu interlocutor, as más, definição da Wikipédia que não parece esclarecer o que esse tropo significa e que, além disso, quando se diz clonasmo se pense também e de maneira óbvia em outra figura retórica, o pleonasmo; que o suicídio seja uma das principais causas de morte entre jovens em todo o mundo; que assombre saber que a beleza das orquídeas é parasita; que na Argentina tenha sido eliminado quase por completo o uso do subjuntivo; que todo mês de maio se tenha a impressão de que o ano já acabou; que as válvulas biológicas que substituem as válvulas deficientes no corpo humano procedam de tecidos animais como o pericárdio do bezerro; que na Casita de Dios na Argentina, um padre italiano de sobrenome Corradi, junto com outros padres, assistidos por uma freira, violavam cotidianamente meninos pobres e surdos, e que a Igreja não os castigasse, que somente os mudasse de lugar, onde continuavam violando meninos surdos e pobres; que um biólogo pense que os cães-da-pradaria sabem falar; que é possível ouvir o gorjeio de um passarinho e que isso seja um tweet; que o governo negue que os níveis de violência no México podem se equiparar com os da Síria; que se possa eliminar definitivamente as manchas do rosto com recursos caseiros; que talvez se entenda melhor o que é a hipérbole se se lê esta definição da Wikipédia: um tropo que consiste em sublinhar o que se diz, ao exagerar ou tentar fazer transcender o verossímil; que a artéria femoral é uma grande artéria que se inicia na virilha, como continuação da artéria ilíaca externa; que quando se busca o significado de hipérbole ponham um exemplo que na realidade é um oximoro e que seja curioso comprovar que as definições não definem nada completamente; que a Bolívia seja um dos países com maior crescimento econômico na América Latina; que ao sair da prisão Mireles tenha assegurado que: Se tivesse sabido que o governo estava envolvido em todo o crime organizado, não entrava na luta social; que Stéphane Bonnat pertença à quarta geração de mestres chocolateiros da França e no México faça reviver uma das variedades mais antigas de cacau; que se anuncie oficialmente que a depressão é um problema muito grave que afeta milhões de seres humanos; que o que foi do rei Don Juan e dos infantes de Aragón o que foi deles; que no tronco de uma árvore tenham germinado pequenas e belas orquídeas de cor roxa, branca e café, parecidas com um inseto; que o pulque fosse parte da economia dos povos indígenas desde a época pré-

-hispânica e que agora não seja mais uma bebida universal; que os imigrantes que chegaram nos Estados Unidos sejam mais educados do que os cidadãos de vinte e seis estados desse país; que os 5,1 milhões de pesos que gastaram por dia os candidatos a governadores do Estado do México equivalham a 64.500 salários mínimos; que em Culiacán assassinassem Javier Valdez, o jornalista que mais bem conhecia o narcotráfico naquela cidade; que as árvores tivessem uma estrutura mais complexa há 374 milhões de anos do que hoje; que o arquiteto Walter Gropius, o músico Béla Bartók e o pintor Paul Klee fossem figuras fundamentais no movimento artístico denominado Bauhaus; que o Instituto Nacional de Antropologia e História faça uma estimativa de que cerca de 1821 monumentos históricos e artísticos foram afetados pelo terremoto de 19 de setembro em onze estados do país; que se tenha descoberto que o açafrão tomado em grandes quantidades é tóxico e provoca hemorragias; que alguns implantes de seio produzam câncer; que o nodossauro fossilizado encontrado no Canadá esteja conservado milagrosamente e corresponda a um membro da família dos anquilossauros, animais pré-históricos herbívoros providos de quatro patas e enormes escamas que mediam seis metros e pesavam três mil quilos; que Rulfo, que não escreveu mais do que três obras, tenha suscitado mais literatura do que quase nenhum outro autor mexicano; que a estenose valvular signifique que a válvula se fechou e não deixa passar suficiente fluxo sanguíneo nas artérias; que o artista holandês Theo Jansen construa belas esculturas voláteis, confeccionadas com papel e tubos de plástico; que aumente a insegurança na Cidade do México; que Putin diga que não tem dias ruins porque não é mulher; que apareçam milhões de águas-vivas mortas em uma praia de Rosarito, Baixa Califórnia; que o poeta argentino Héctor Viel Temperley dissesse em um poema: Acho que a morte é algo/ que se pode pensar/ até sem cérebro; que os ditadores e os delinquentes se enfureçam com os jornalistas; que o historiador Robert Paxton, autor de um livro chamado Anatomia do fascismo, também se interesse pelas corujas e que acusem Harry Potter, ou melhor dizendo, sua criadora, de ajudar na extinção dos animais prediletos de seu personagem; que haja muitos prédios danificados pelo terremoto de setembro de 2017 em várias zonas da Cidade do México; que o uso das redes sociais possa provocar entre os adolescentes transtornos na conduta alimentícia, como anorexia ou bulimia; que tenha sido inventada uma cadeira de rodas controlada pelos movimentos faciais; que o próximo tipo de automóvel detectará as emoções dos passageiros; que a alegoria possa ser associada com a analogia; que a Índia permitisse o aborto de uma menina de dez anos violada por seu padrasto; que Angela Merkel ganhe de novo as eleições; que se afirme que a comida japonesa ajuda a saúde gastrointestinal; que a morte da ativista Miriam Rodríguez tivesse sido um assassinato anunciado; que o México esteja na posição número onze no índice mundial de ignorância, debaixo do Brasil e acima dos Estados Unidos; que na Baixa Califórnia fosse registrado o primeiro bebê com o sobrenome materno antes do paterno; que não seja mais possível comer ou fazer nada porque tudo dá câncer; que não haja político mexicano que não acredite merecer a abundância; que espanquem, assaltem, ameacem, desapareçam e matem repórteres mexicanos em todo o território da República; que os novos mísseis da Coreia do Norte possam provocar uma enorme catástrofe; que a cabeleira de um bebê de quatro meses viralizasse; que viralizar é um neologismo pouco feliz; que uma menina que sofreu abusos sexuais fizesse um desenho tão eloquente de seu violador que tornou possível sua captura, como antes o fizera Lavínia em Tito Andrônico, a tragédia de Shakespeare; que alguns multimilionários prefiram deixar sua herança para fundações beneficentes e não para seus filhos; que vinte e quatro príncipes e quinze reis viajassem a Oslo para celebrar o octogésimo aniversário dos reis Harald e Sonia; que a China pense em capturar um asteroide e colocá-lo na órbita lunar; que acordem de novo os fantasmas do Biafra, a guerra que deixou um milhão de mortos faz cinquenta anos e que quando as crianças não queriam comer, suas mães lhes diziam: Pense nas crianças do Biafra; que seja preciso destacar que a cucaburra é um pássaro australiano e não uma figura retórica; que o Museu Arqueológico Subaquático de Campeche mostre pela primeira vez os tesouros encontrados no fundo do mar; que a NASA descubra a atmosfera primitiva do exoplaneta Netuno Frio; que Víctor Cruz Atienza, chefe do departamento de Sismologia do Instituto de Geofísica do México, tenha sido reconhecido no mundo científico como um dos dez melhores e mais relevantes cientistas de 2017; que se afirme que as vacinas contra a gripe e a pneumonia aumentam o risco de ataques cardíacos e que a aspirina reduza o risco de câncer de mama, mas possa provocar hemorragias; que o quiasmo é uma figura retórica que consiste em intercambiar duas ideias paralelas e opostas e que quando se define uma figura retórica a definição possa corresponder também a outras figuras e a de quiasmo na Wikipédia possa se confundir com a de oximoro; que se diga e se dê como notícia muito relevante que Melania Trump e Brigitte Macron usaram os mesmos vestidos no dia da cerimônia de posse de seus maridos; que Rulfo tenha dito em uma entrevista: Sou um fantasma, não existo, e que Arreola escrevesse: A mulher que amei se transformou em fantasma, eu sou o lugar das aparições; que cada vez se demonstre mais a impossibilidade do possível; que só haja quatrocentos e um médicos certificados pelo Consejo Nacional de Geriatría para cuidar da saúde dos anciãos no México; que a festa das balas continue sem interrupção; que a única coisa que se faça seja socializar nas redes; que Katharine Hepburn teria completado cento e dez anos em maio de 2017 e fosse filha de uma sufragista e de um cirurgião a favor do aborto; que as redes sociais propiciem a mais absoluta literalidade, a exibição dos ressentimentos, o edulcorado e o narcisismo coletivo; que em torno da Via Láctea haja um enorme vazio cósmico; que o Uber anuncie que não garante nem a idoneidade nem a segurança nem a habilidade de seus provedores; que uma candidata do PAN a governadora usasse como um dos temas principais de sua campanha a proibição do aborto; que Marte pudesse ter nascido em um cinturão de asteroides; que hackers ligados à Coreia do Norte possam estar vinculados ao recente e massivo ciberataque; que a maior densidade de dejetos se encontre em uma ilha desabitada chamada Henderson, no Oceano Pacífico; que não faz tanto tempo o abacate tenha sido considerado a manteiga dos pobres; que a poeta argentina Alfonsina Storni tenha escrito um poema que diz: Você me quer virgem. Você me quer santa. Você me quer sua. Estou farta de você; que sejam prognosticados catorze furacões no México para os últimos meses de 2017 e que durante os últimos dias de junho tenha havido verdadeiras trombas d'água que causaram fortes inundações; que Trump assegure que tem direito absoluto de compartilhar dados de inteligência militar obtidos através de aliados seus com Putin; que na Turquia se atente contra a liberdade de expressão e que nos Estados Unidos se esteja seguindo o mesmo caminho com perfeição; que haja muitas crianças entre os agressores dos jornalistas; que o dente de leão e a aloe vera sejam considerados anticoncepcionais naturais; que uma famosa escultura de Brancusi que representa uma cabeça feminina seja vendida por 54 milhões de dólares em um leilão da Christie's; que os dinossauros ainda viveriam se os asteroides que os aniquilaram tivessem caído uns momentos antes ou uns momentos depois; que o oximoro seja uma figura retórica que consiste em complementar uma palavra com outra de significado contraditório ou oposto, ou melhor, que seja a combinação em uma mesma estrutura sintática de duas palavras ou expressões de significado oposto, que originam um novo sentido, como, por exemplo, um silêncio estrondoso, cerveja sem álcool, fogo gelado, um desastre menor ou um erro inevitável; que se leiloe por 8.500 dólares um livro de García Márquez dedicado a Sergio Pitol; que segundo a Amnistia Internacional os assassinatos de defensores dos direitos humanos tenham aumentado recentemente em 45%; que houvesse pelo menos quinze mortos em um atentado terrorista durante um funeral em Kabul; que seja difícil de entender o conceito de modernidade líquida; que o presidente Peña Nieto tenha se dado conta de que no México estejam assassinando os jornalistas e que se descubra que nós mexicanos estamos sujeitos a espionagem e ele se desculpe dizendo que também é espionado; que se se aceitasse o que se diz em uns anúncios do rádio, Gandhi se tornaria um autor de livros de autoajuda; que hackers tenham roubado um filme de Walt Disney antes da estreia e que exijam milhões de dólares para devolvê-lo; que a Comissão Europeia ameace sancionar os países da União Europeia que se neguem a reassentar os refugiados em seu território; que o que se está permitindo ao atual presidente dos Estados Unidos jamais seria permitido a um presidente negro ou a uma presidenta mulher; que se incendeie uma caminhonete huachicolera com quatro mil litros de combustível e seus tripulantes escapem; que se produzam cada vez com maior frequência contingências ambientais na Cidade do México; que os políticos saqueadores do México denunciem uns aos outros; que desde a declaração de guerra ao narcotráfico, quase cento e cinquenta jornalistas tenham sido assassinados; que encontrem intacta nas geleiras da Sibéria oriental a cabeça de uma égua adulta, contemporânea dos mamutes e com antiguidade de 5.300 anos; que as forças iraquianas em Mossul tenham retomado quase 90% da cidade; que o ditador da Síria tenha construído crematórios para se desfazer dos corpos de seus opositores e que reproduza por isso, embora em menor escala, os fornos crematórios dos nazistas; que a Amnistia Internacional dissesse que ser jornalista no México equivale antes a uma sentença de morte do que a uma profissão; que os adultos velhos que dirigem um carro deveriam conhecer seu estado de saúde a fim de evitar acidentes; que os legisladores de Nuevo León desaprovam as candidaturas femininas e o financiamento de candidatos independentes; que completar uma página com este tipo de notícias seja um ato tão titânico como os trabalhos de Sísifo; que o cantor argentino Atahualpa Yupanqui cantasse faz várias décadas: Basta ya que el yanqui mande; que a United Fruit Company tenha criado as repúblicas bananeiras; que a manga seja uma das frutas mais extraordinárias que existem; que já em O homem que dorme, Perec falasse acerca da falta de hierarquização das coisas neste mundo; que uma orangotanga albina resgatada na Indonésia receba o nome de Alba; que no México ordenhar não tenha nada a ver com as vacas; que os devotos de Marcel Schwob formem sociedades secretas de leitores e que a mesma coisa aconteça com Robert Walser e David Markson; que muitos jovens leitores de hoje em dia careçam de referências culturais ou só as proporcionadas por exemplo pelo Twitter ou Facebook; que haja um exército de peñabots com três tarefas principais: Criar notícias a favor do mandatário, minimizar as críticas contra ele e ameaçar os ativistas, opositores e jornalistas; que seja fascinante o mapa interativo onde se aprecia o percurso dos cabos marítimos pelos quais viaja a internet; que um cachorro salve um bebê que tinha sido enterrado vivo em um bosque na Cidade do México; que o céu esteja limpo e faça muito sol; que se conte que um pastor protestante em Zimbábue decidisse imitar Cristo, caminhasse sobre as águas de um rio e seu corpo acabasse no ventre de um crocodilo; que o músculo cardíaco, como qualquer outro órgão ou tecido do corpo, precisa de sangue rico em oxigênio para sobreviver; que alguma vez o México fosse um país; que no Reino Unido uma menina de origem indiana chamada Rajgauri Pawar acabe de ingressar na elitista organização Mensa e que seu coeficiente mental seja tão alto que possa superar Einstein; que se destruam mais de 46 mil plantas de maconha em Jalisco, enquanto se legaliza seu uso recreativo na Califórnia; que há cerca de sessenta mil anos atrás certos padrões de desenho, encontrados nas cascas de ovos de avestruz na África austral, constituíram a primeira escrita registrada sobre a face da Terra; que a pintora Vanessa Bell tenha vivido a maior parte de sua vida sob a sombra de sua brilhante irmã, a escritora Virginia Woolf; que o ministério da saúde do Canadá proponha proibir o controverso pesticida chamado neonicotinoide que pôs em perigo borboletas, abelhas e escaravelhos, com o resultado de que vários insetos polinizadores estejam em risco de extinção; que o ditador das Filipinas esteja a ponto de instituir a lei marcial em seu país; que Mario Levrero se chamasse Jorge Mario Varlotta Levrero, que tivesse sido caricaturista e cruzadista e que para fazer palavras cruzadas tivesse usado como pseudônimo a metade de seu nome e a outra metade para sua obra de criação e que também Perec elaborasse palavras cruzadas; que cada vez mais haja epidemias de sarampo nos Estados Unidos; que quando as pessoas coletam cogumelos devem ser cuidadosas e que na Califórnia catorze pessoas morreram ao comer cogumelos da morte; que o mecanismo de Anticítera, o primeiro computador digital da história com fins astronômicos e calendáricos, fosse construído no século I a.C. na Grécia e tenha sido encontrado em um barco romano que naufragou; que o tema do naufrágio seja muito fascinante como dá para ver por exemplo nos Naufrágios de Álvar Núñez Cabeza de Vaca, nos de Gonzalo Fernández de Oviedo ou nas narrativas fantásticas de Julio Verne; que Calderón de la Barca recorresse muito frequentemente à alegoria e que a definisse assim: A alegoria não passa de um espelho que traslada o que é com o que não é, e está toda sua elegância em que a cópia saia tão parecida no tablado, que quem está olhando uma pense que está vendo ambas; que o presidente Emmanuel Macron tenha designado um gabinete no qual se destaca a paridade de gênero; que se recorra de novo na medicina a antigos remédios como o uso de sanguessugas para tratamentos; que Mako, a neta mais velha do imperador Akihito, renuncie à realeza para se casar com um plebeu; que o fentanil, uma nova droga, esteja matando milhares de viciados nos Estados Unidos; que na região andina, mastigar coca seja habitual há cinco mil anos; que Trump poderia acabar como Nixon; que o sistema de WhatsApp tenha sofrido de repente um colapso a nível mundial e que pareça uma catástrofe; que a banda de rock Molotov denuncie o roubo de seu equipamento no Estado do México; que cada vez haja mais modalidades de atentados terroristas, como o que aconteceu na Ponte de Londres no dia 3 de junho de 2017, quando uma caminhonete atropelou vários pedestres, imitando o atentado que aconteceu em Nice em 2016, onde morreram oitenta e seis pessoas e que cinco argentinos estivessem entre as vítimas de Nova Iorque em outubro de 2017 e que essa modalidade de ataque se tornou um dos métodos preferidos dos jihadistas, como se comprovou no mês de agosto desse mesmo ano nas Ramblas de Barcelona; que anunciem que na cidade de Toronto há mais de cem mil gatos; que as interações gravitacionais fossem as encarregadas de deslocar o planeta vermelho de seu lugar original; que alguns gostariam de ter três pálpebras como os camelos para que seus olhos não ardessem tanto; que o pianista russo Sviatoslav Richter dissesse que é uma pena que haja só dois sexos, para os artistas é pouco. Gostaria que houvesse mais, oito e meio por exemplo; que a Promotoria sueca anuncie o fechamento da investigação preliminar aberta em 2010 contra o fundador de WikiLeaks, Julian Assange; que

Arundhati Roy escrevesse: Quando George W. Bush anunciou os ataques aéreos sobre o Iraque disse que os Estados Unidos eram uma nação pacífica, portanto é evidente que os porcos são vacas e a guerra é a paz; que a família de Santiago Maldonado verificasse que se tratava do jovem pelas tatuagens que tinha no corpo; que antes, para substituir uma válvula, fosse necessário fazer uma operação a coração aberto e agora se faça por cateterismo; que os narcos, os políticos ou os ladrões reflitam sua excentricidade ou afã de lucro mediante a possessão ilegal de animais exóticos como leões, tigres, dromedários ou cobras; que os autos sacramentais de dom Pedro Calderón de la Barca sejam alegóricos; que a cada ano se extraviem 4.500 anciãos na Cidade do México; que a prosopografia seja uma figura retórica, mais utilizada na prosa do que na poesia, que consiste em descrever os traços físicos ou externos das pessoas; que a overdose dos derivados do ópio sejam agora a maior causa dos mais de cinquenta mil falecimentos por ano nos Estados Unidos, entre as pessoas com menos de cinquenta anos, número consideravelmente maior do que os dez mil mortos pela AIDS nesse país quando essa epidemia estava em seu apogeu; que em abril de 2014 o mundo se comovesse ao ouvir a notícia de que 276 meninas nigerianas tinham sido sequestradas do seu colégio pelo grupo militante islâmico Boko Haram; que milhões de pessoas desalojadas na Síria não tenham acesso a uma atenção médica adequada; que uma mulher tarahumara ganhasse em Puebla uma ultramaratona sem roupa esportiva com sandálias e sem treinamento formal; que uma fileira de enlutadas esperem vestidas de preto em uma cidade do Irã para votar; que no dia 28 de junho de 2017 caíssem mais de 7,5 bilhões de litros de água que transbordaram do esgoto da Cidade do México; que Chris Cornell, um dos sobreviventes dos roqueiros grunge, se enforcasse no banheiro de seu quarto de hotel; que o Instagram seja um perigo mental para os adolescentes; que um empresário japonês, Yusaku Maezawa, adquirisse no Sotheby's um quadro do pintor Basquiat, falecido aos vinte e oito anos, por 99 milhões de euros; que na Universidade de Querétaro se estude a possibilidade de utilizar o veneno de algumas tarântulas para combater doenças; que no Prado descubram um quadro que se presume que seja de Goia, guardado faz muito tempo no museu de Saragoça; que os estados que concentram a maior quantidade de epicentros de tremores sejam Oaxaca e Chiapas, seguidos por Guerrero, Michoacán, Colima e Jalisco; que uma investigação do New York Times revelasse as práticas sectárias e de escravidão sexual de uma organização da qual provavelmente faz parte Emiliano Salina, primogênito do ex-presidente Carlos Salinas de Gortari; que assassinem sete cortadores de abacate em Michoacán; que antes de se tornar um adjetivo, Kafka tenha sido um escritor judeu nascido na Tchecoslováquia; que tenham detido um assessor do presidente brasileiro Temer, fotografado com uma mala cheia de dinheiro; que haja aqueles que assegurem que Xi Jinping é o homem mais poderoso do mundo e outros pensem que é Putin; que uma grande operação contra a pedofilia no Brasil descobrisse uma rede de pornografia e até um manual destinado a atrair as crianças; que a Antártida esteja reverdecendo diante da mudança climática; que Theresa May ameace duplicar o imposto aos empresários que contratassem trabalhadores estrangeiros; que logo as pessoas surdas e cegas já poderão ver televisão; que em 2016 se consumissem no México mais de oito bilhões de litros de álcool e que aumentem exponencialmente no México a corrupção e a impunidade; que haja um dia internacional das espécies em risco de extinção; que a palavra huachicol, que assinala agora os que traficam gasolina, fosse conhecida faz tempo, aplicada a qualquer tipo de bebida adulterada; que em 1967 houvesse apenas cinquenta cervos pequenos nos Estados Unidos e que agora haja mais de mil, graças ao esforço feito para conservá-los e agora comecem a causar problemas; que algumas espécies de répteis da região do Golfo do México se mimetizem com a natureza para fugir dos predadores; que o crime tenha diminuído de tal forma no Japão que os policiais andem à procura do que fazer; que agora os cirurgiões não operem mais, só intervenham ou procedam; que a medicina tenha se compartimentado a tal ponto que logo haverá especialistas em cada um dos ventríloquos ou cada uma das aurículas; que altos níveis de homocisteína no sangue possam danificar o revestimento das artérias; que de acordo com a televisão russa, as acusações contra Harvey Weinstein por assédio sexual sejam uma conspiração do partido democrata para desacreditar o Presidente Trump; que os Thyssen-Bornemisza tenham um passado quase eludido de antissemitismo;

que dois elefantes fossem submetidos a uma prova para verificar sua capacidade de aprendizagem; que Trump pronunciasse um discurso na Arábia Saudita onde disse que são mais importantes as transações comerciais do que os direitos humanos; que soldados mexicanos possam retornar a quartéis porque estão fartos de capturar criminosos que depois são soltos; que seja preciso conhecer a relação que existe entre os compostos orgânicos dos meteoritos e a origem do universo e da vida; que Eugene Kaspersky, o guru do antivírus, ache que o vírus chamado WannaCry possa ser o começo de uma escalada bélica na rede; que a política dos Estados Unidos possa estar contribuindo para que se passe fome no Iêmen e que o Congresso poderia detê-lo, mas os republicanos não estão interessados em fazê-lo; que uma singular biblioteca esteja começando a tomar forma na base franco-italiana da Antártica, onde não haverá livros, mas mostras de gelo de todas as geleiras ameaçadas do mundo e que, com esse objetivo, sejam recolhidos pedaços de gelo do vulcão Illimani, situado a oitenta quilômetros de La Paz, Bolívia, para levá-los ao continente ártico; que Harald zur Hausen, prêmio Nobel de Medicina, considere que a alimentação é um dos fatores de risco oncológico; que em maio de 2017 chegasse a notícia de que oitenta e duas meninas sequestradas pelo Boko Haram foram liberadas na Nigéria; que Charles Dickens escrevesse uma carta a um amigo chamado Edward, em que surpreendido comentava: apareceu um livro que está causando um verdadeiro escândalo: Sustenta que os homens descendem dos macacos...;

que a etopeia descreva os traços internos ou psicológicos de uma pessoa e que não deva ser confundida com a prosopopeia, nem com o retrato, porque descreve tantos os traços internos como os externos de uma pessoa; que Hassan Rouhani tenha sido reeleito como presidente do Irã; que já se saiba por que o asteroide que provocou a extinção dos dinossauros caiu no pior lugar possível da Terra; que um tzompantli fosse um altar que algumas culturas pré-colombianas do antigo México construíam, cuja base estava decorada com crânios talhados em pedra e estacas na zona superior para espetar a cabeça dos sacrificados; que os povoados mágico perderam sua magia devido ao cimento; que os estudantes da universidade de Notre-Dame na Flórida abandonassem o recinto onde o vice-presidente Pence pronunciava o discurso de boas-vindas; que se denunciasse o sequestro do jornalista Salvador Adame em Michoacán, três dias depois do assassinato de Javier Valdez, e que somente no final de junho encontraram seu cadáver; que alguns cientistas acreditem que o universo que nos rodeia não é real e que um novo culto congregue centenas de milhares de pessoas no mundo todo que afirmam que a Terra é plana; que o cofundador do Twitter lamente ter ajudado quem governa hoje os Estados Unidos a ganhar as eleições; que muito pouca gente tenha ouvido falar de Ruanda até que assassinaram 800 mil pessoas e que, atualmente, na Birmânia se esteja massacrando o povo rohingya, inclusive decapitando crianças; que exista uma nova tecnologia para controlar a diabetes no sangue; que a Coreia do Norte insista em seu desafio e realize um novo teste de mísseis; que também se anuncie que as vinte e uma moças Chibok sequestradas por Boko Haram e liberadas em outubro passado permanecerão na capital sob custódia do governo nigeriano; que encontrem o corpo de uma mulher no porta-malas de um carro em Acapulco; que Humberto Moreira faça uma denúncia por difamação contra o PAN, os jornais Reforma e Vanguardia e depois contra seu irmão e o PRI de seu estado; que a sardinha ibérica esteja também em risco de extinção e que em um zoológico na China se alimentassem dois tigres com um burro vivo; que a tendinite seja outra das doenças dos viciados em tecnologia; que assaltem lugares públicos em diferentes bairros da Cidade do México e que assassinem uma mulher e seu filho em pleno centro e se negue que existe o crime organizado; que a que se deve que Michel Temer sobreviva como presidente do Brasil se enfrenta acusações mais graves do que Dilma Rousseff; que já se possa pagar com WhatsApp e enviar dinheiro como se fosse um emoticon; que Donald Trump venda armas na Arábia Saudita e que sua filha Ivanka receba cem milhões de dólares como doação, dado que lembra a primeira cena da terceira parte de O poderoso chefão; que Canuck, um corvo, aterrorize um bairro inteiro do leste da cidade de Vancouver; que um homem tenha violado seis meninas que lhe foram dadas de presente por seus pais; que em alguma ocasião Borges declarasse: Ninguém consegue entender a filosofia do nosso tempo sem entender Whitehead, e acrescente, quase ninguém consegue entender Whitehead; que o verso de Sor Juana:

Ouça-me com os olhos, seja uma figura retórica chamada catacrese; que Melania e Ivanka evitassem usar o véu durante a visita à Arábia Saudita e faz dois anos Trump criticasse Michelle Obama porque não o usou quando visitou esse país e que quando Ivanka e Melania visitaram o Papa cumpriram o requisito de usar um xale na cabeça, por ser católicas; que o terremoto de 19 de setembro de 2017 destruiu grande parte do patrimônio artístico do México nos estados de Morelos, Puebla, México; que com um vídeo se demonstre que um mesário acrescenta votos ao PRI nas atas correspondentes durante as eleições do Estado do México; que tenha sido encontrado um aracnídeo na Austrália que come lagartixas e não seja fácil de destruir; que uma alpinista escalasse o monte Everest duas vezes em uma semana; que tenham assassinado Miguel Vázquez, ex-presidente ejidal huichol, que tinha conseguido iniciar o processo de restituição de terras do seu povo; que os Estados Unidos vendam armas por bilhões de dólares ao governo da Arábia Saudita; que em Milão tenha havido uma manifestação enorme a favor dos refugiados com o apoio de associações e organizações não governamentais; que as Abuelas de Plaza de Mayo já tenham encontrado a neta #127; que as chuvas caíram no deserto de Atacama e o transformaram em um imenso jardim; que no dia 22 de maio de 2017 se produzisse uma explosão no estádio de Manchester em um concerto de Ariana Grande, o atentado terrorista mais mortífero acontecido no Reino Unido desde os atentados de Londres de 2005, onde morreram sobretudo crianças e adolescentes, e que depois ela oferecesse um concerto beneficente em honra das vítimas; que quando visitou o México em junho de 2017, Angela Merkel dissesse: Os muros não resolvem a migração ilegal, o problema está nas causas da mobilização; que o rei da Holanda tenha sido piloto de um avião de KLM durante os últimos vinte e um anos para descansar de seus deveres reais; que os médicos britânicos advirtam quem gosta de comer abacate do perigo de acabar no hospital ao tentar cortá-los; que um menino de sete anos com necessidades especiais fosse algemado em uma escola do Texas; que se James Joyce escrevesse agora o Ulisses os editores o rejeitariam com o pretexto de que é um livro difícil de ler, como aconteceu com Malcolm Lowry, e que a mesma coisa talvez acontecesse com outros grandes escritores; que Alfonso Reyes dissesse quando assassinaram seu pai, por suas feridas, a pátria se dessangra; que o aumento da concentração de homocisteína plasmática possa se dever tanto a alterações hereditárias das enzimas que intervêm no metabolismo como a outros fatores principalmente dietéticos, como por exemplo o déficit de setenta e quatro vitaminas B6, B12 e ácido fólico; que na década de 1920, havia uns 10 bilhões de coelhos silvestres na Austrália, segundo os cálculos do governo e que eles tenham se propagado em uns seiscentos pontos da ilha; que tenha sido possível cultivar no país de Gales um chili tão picante que, se alguém o provasse, o cérebro cairia na ilusão de que sua língua está em chamas; que se diga que Obama esteja gostando do papel de playboy; que a seca no Mediterrâneo encareça o azeite de oliva, a gordura mais saudável para o consumo humano; que os huachicoleros usem serras, serrotes e objetos caseiros para roubar gasolina dos dutos; que haja aqueles que têm como especialidade mencionar a corda em casa de enforcado; que um aluno de bacharelado da UNAM desenvolva um sistema que gasta só dez litros de água no banho; que haja um parasita do sushi chamado Anisakis que está causando estragos; que a indústria Siemens desenvolvesse um teste clínico para diagnosticar os riscos do infarto; que seja digno de nota que na Tailândia as mulheres se ocupam das finanças e os homens pensem que os assuntos bancários são entediantes; que uma cerveja fabricada com nopal mexicano conquiste o mercado europeu; que Recep Tayyip Erdogan tivesse ganhado as eleições de novo como dirigente de seu partido; que Trump dissesse aos líderes muçulmanos que a luta contra o terrorismo não é uma batalha entre credos, mas uma batalha entre o bem e o mal; que um mestre de Alexander diga que é comum que a concepção que temos de nós mesmos tenha a ver com a parte da frente do nosso corpo e que por isso esquecemos da de trás; que no dia 21 de maio de 1860 nasceu o holandês Willem Einthoven, considerado o pai do eletrocardiograma, invenção com a qual ganhou o Prêmio Nobel em 1924; que na Arábia Saudita o presidente dos Estados Unidos assinasse um tratado de venda de armas de 100 bilhões de dólares; que a imprensa americana atribua a Jared Kushner um papel chave na mediação para fechar o contrato com as principais companhias de armas dos Estados Unidos e que tenha usado dinheiro para edificar moradias sociais e tenha construído no seu lugar um prédio de luxo e que isso aconteça cada vez mais tanto aqui como lá; que a costureira espanhola Pepa González vestisse a família real no casamento de Pippa Middleton; que a destruição da Antártida seja irreversível e que cientistas avisem do derretimento de uma área maior do que o estado do Texas; que o tzompantli encontrado na rua da Guatemala tenha sido descrito por alguns cronistas da Conquista; que árvores continuem sendo derrubadas na Cidade do México; que se tenha formulado a teoria que afirma que há uma grande nuvem de pó e gás flutuando em algum lugar entre a Terra e a estrela de Boyajian, descoberta por uma cientista do mesmo nome; que reportem um novo feminicídio em Puebla, o número noventa e nove, poucos dias antes do fim de 2017; que altos funcionários americanos admitam que seu país é o mercado que fomenta o narco; que na Suíça se vote por abandonar a energia nuclear pelas energias renováveis; que o recentemente descoberto exoplaneta é quase duas vezes maior do que Júpiter e muito mais quente do que a maioria das estrelas; que a PROFEPA proteja 73 exemplares de tarântulas em Jalisco e resgate 1.246 ovos de tartaruga Lora em Tamaulipas; que para salvar várias espécies de aves da extinção seja necessário semear plantas favoráveis aos pássaros; que haja no Canadá um arbusto de quatro mil flores vermelhas e cento e quinze anos de idade, chamado Lady Cynthia; que as vacinas constituam um dos maiores avanços da ciência, porque contribuíram para salvar milhares de vida, mas que tenham também detratores porque podem ocasionar igualmente graves danos no organismo das pessoas; que na Costa do Marfim soldados amotinados conseguissem triunfar contra o governo; que na Venezuela muita gente esteja protestando contra o presidente Nicolás Maduro, com um saldo de numerosos mortos; que haja mães para tudo, para as aranhas, para as bombas, para os narcotraficantes; que morresse um bebê por ter sido alimentado somente com pão sem glúten e leite de quinoa; que além de produção de mel, uma das grandes virtudes das abelhas seja sua efetividade de polinização; que as abelhas sejam um símbolo importante em Manchester e que muita gente as esteja tatuando para comemorar o atentado que aniquilou muitos jovens e crianças; que os antibióticos estejam deixando de ter efeito ou que uma criança a quem seus pais não quiseram dar antibióticos falecesse; que com uma antiguidade de 2.500 anos, o baixo relevo de Xoc seja uma extraordinária mostra de arte olmeca; que vinte e nove policiais federais fossem assaltados em um ônibus mexicano; que o ambientalista americano Gordon Storm fosse assassinado em Teocelo, Veracruz, e seu corpo encontrado em sua casa; que o sul-africano Theunis Botha, um dos caçadores mais famosos do mundo, fosse esmagado por um elefante que tinha caçado; que os cigarros light sejam piores do que os normais, porque se acredita que contribuíram para o forte aumento de um tipo de câncer de pulmão; que quando se lê seja necessário piscar; que as formigas gigantes estejam sendo cotizadas de novo como alimento; que dizer boca da garrafa ou braço de uma poltrona seja uma catacrese; que um filme de Luis Buñuel se chamasse A ilusão viaja de trem; que a mãe de todas as aranhas esteja aterrorizando os usuários das redes sociais; que duas mulheres de Boston esquentassem um filhote de tartaruga no micro-ondas e que ele tenha morrido; que desde 2011, trezentas pessoas no norte do estado de Coahuila tivessem sido dissolvidas em ácido, como relatou um ex-membro de Los Zetas; que a Noruega fosse alguma vez uma região de natureza despoluída e bosques nevados e que agora os lobos e renas corram perigo; que o romancista Mario Monteforte Toledo dissesse que faz tempo que a Guatemala só oferece desterro, confinamento e enterro, e que parecia que estava se referindo ao México; que o nível do mar suba mais depressa do que o estimado desde 1990; que o grande pintor inglês William Turner não era anão só por quatro centímetros; que descubram um novo número primo; que um religioso budista seja surpreendido por um passageiro enquanto observava um vídeo XXX durante uma viagem de ônibus; que a única espécie animal que não dorme e não para de se mexer sejam os tubarões do Taiti; que a reprodução no espaço seja possível, segundo um experimento bem sucedido com ratos, e que 1.700 migrantes estejam entre a vida e a morte à espera de um resgate no Mediterrâneo; que a ilha de plástico do Pacífico Norte poderia crescer até ter o tamanho de um continente; que o tabagismo e a obesidade possam produzir derrames cerebrais; que os terrorismos propiciam os estados de exceção e que muitos políticos tenham propiciado e propiciem ainda os terrorismos; que o secretário de Saúde diga que a diabetes provocou mais mortes no nosso país do que a Revolução Mexicana; que as bebidas light sejam mais perigosas do que as normais; que nas paisagens de Caspar David Friedrich quase todos os personagens apareçam de costas; que não cesse a contingência ambiental na Cidade do México; que @NoticiasMVS tuitasse às 5:00 PM, em um sábado de junho de 2017, que Sofia, um incrível robô hiperrealista esteja aprendendo a ser humana; que as chuvas tenham chegado de novo com enorme força; que um quilo de formigas gigantes das chamadas chicatanas sejam vendidas por até mil pesos em Oaxaca; que os coelhos europeus que agora a devastam fossem introduzidos na Austrália em 1859 por um colono inglês, Thomas Austin; que a angioplastia seja um procedimento endovascular que consiste em dilatar uma artéria ou veia ocluída com o fim de restaurar o fluxo sanguíneo, coisa que também pode ser alcançada com um stent, dispositivo metálico que é introduzido nas artérias coronárias e que atua escorando sua parede e evita o fechamento brusco da artéria posterior; que o Twitter seja como um obituário fugaz; que Macron receba Putin em Versalhes; que um enfermeiro chamado Niels Högel seja suspeito de ter causado a morte de mais de oitenta e quatro pacientes em um hospital de Oldenburg, Alemanha; que haja um livro intitulado O silêncio do corpo de Guido Ceronetti; que John F. Kennedy tivesse podido fazer cem anos em 2017; que em um de seus textos filosóficos Voltaire descrevesse a Bolsa de Londres como algo prodigioso, onde conviviam os deputados de todas as nações em prol da utilidade dos homens e, acrescenta o filósofo: aqui o cristão, o maometano e o judeu discutem juntos como se fossem da mesma religião, e só tratam de infiel quem foi à falência; que um milionário desse por morto um de seus amigos porque estava arruinado; que leiloassem o jato privado de Elvis Presley por 430 mil dólares; que construam na Alemanha uma tubulação de três quilômetros para transportar cerveja ao Wacken Air, o maior festival de música heavy do mundo; que o Abecedário do diabo seja um novo jogo que viralizou nas redes sociais e incita as crianças a se autolesionarem; que as espetaculares imagens de Júpiter, conseguidas pela missão Juno, ponham em dúvida tudo o que se sabia sobre o maior planeta do Sistema Solar; que algumas pessoas fulminadas por um relâmpago sobrevivam, mas com sequelas; que o circo Ringling Brothers deixasse de existir depois de 146 anos de atividade; que o Instituto de Antropología e Historia exija a Damien Hirst indenização por utilizar o Calendário Azteca sem sua autorização; que Kiarostami e Kaurismaki sejam dois grandes cineastas, o primeiro iraniano, já falecido, e o segundo finlandês; que tenha sido construído um policial robô e que talvez graças a isso se consiga provavelmente acabar com a corrupção; que assim como Sor Juana Inés de la Cruz era a última grande representante dos Séculos de Ouro, Cristóbal de Villalpando foi o último grande pintor barroco da América hispânica; que esqueçamos que os olhos precisam piscar quando se trabalha no computador; que houvesse três presidentas na América Latina e hoje não haja nenhuma; que um barco com cento e cinquenta pessoas, na maioria turistas, afundasse em Guatapé, Colômbia; que para poder entender a força dos ciclones produzidos diariamente no planeta Júpiter seja necessário imaginar várias tempestades juntas, cada uma do tamanho da Terra; que no dia 26 de dezembro de 2017 fossem executados quinze homens no Egito, a cifra mais elevada de justiçados em um dia só, desde que Al-Sisi chegou à presidência em 2014; que as inundações e os deslizamentos de terra no Sri Lanka tenham causado ao menos noventa e um mortos e cento e dez desaparecidos; que se informe que confiscaram dois mil comprimidos de clonazepam em um ônibus em Jalisco; que um casal que durante muitos anos não podia ter filhos conseguisse ter sêxtuplos, graças a um tratamento in vitro; que se produzam noventa e três mortes diárias por armas de fogo nos Estados Unidos; que a bateria do novo Nokia 3310 dure até quatro semanas e que ele tenha se tornado um dos aparelhos favoritos das indianas que o utilizam como um extraordinário vibrador; que a Procuradoria Geral da República proteja os ex-governadores Roberto, César e Javier Duarte, Humberto e Rubén Moreira e suas redes de corrupção; que um novo vírus ainda mais mortífero do que o ebola e mais contagioso do que a gripe tenha sido utilizado na Austrália para eliminar uma praga de coelhos e que em dois meses tenham exterminado quase 42% deles; que a sonda Cassini Saturn da NASA veja nuvens de metano brilhantes nos céus de verão de Titã; que o New Yorker desse a notícia de que um antiquário anônimo encontrou fragmentos de papiro em que podem ser decifrados cinco versos que segundo um erudito inglês foram escritos provavelmente por Safo; que haja um tipo de gonorreia que não se cura com nenhum tipo de antibiótico; que além de ter excelente sabor, o chili seja um poderoso antibacteriano; que nos Estados Unidos e no México, os ataques à imprensa se tornem literais; que se registrassem duas explosões na Plaza San Carlo de Turim no dia 3 de junho de 2017, provocando um estouro com um saldo de mais de mil e quinhentos feridos; que Jared Kushner poderia ser investigado pelo FBI em relação às supostas ingerências russas na política americana; que logo se apresente no México a cantora virtual japonesa Miku Hatsune para interpretar várias melodias; que o jornal El País tenha iniciado uma pesquisa para entender por que há feminicídios; que tenha sido capturado um narcopombo por agentes de alfândega na fronteira entre o Kuwait e o Iraque; que depois do atentado na Ponte de Londres, Theresa May declarasse: Se nossas leis de direitos humanos nos impedem, mudaremos as leis para poder combatê-lo; que tenha morrido aos oitenta e oito anos Adam West, o ator que encarnou Batman na série de televisão da década de sessenta; que depois da passagem do furacão Harvey aparecesse nadando um tubarão em uma rua de Houston; que o abdômen de uma cantora esteja dando muito o que falar; que depois de sete anos morando na rua, o irmão mais velho da Madonna, Anthony Ciccone, tenha aceitado a ajuda de sua família e retornado para o Natal; que em uma revista tão prestigiosa como a New Yorker publicassem há muito pouco tempo atrás a muito conhecida notícia de que A história de Gengi, escrita no Japão do século XI por uma dama da corte chamada Murasaki Shikibu, fosse talvez o primeiro romance de todos os tempos; que a força da mordida do tiranossauro tivesse sido de 3.630 quilos; que um pai tenha dito à sua filha quando era criança: Você nasceu para estudar, não para lavar panelas tisnadas, e que ela se doutorara pela terceira vez aos oitenta anos; que seja permitido aos iñupiat, um povo do norte do Alaska cujo estilo de vida e cultura dependem da caça de mamíferos marinhos, capturar a cada ano um número limitado de baleias boreais que pertencem a grupos com população estável; que em um campo de golfe vissem de repente e brigando duas serpentes das chamadas mambas-negras; que se tenha chegado a um ponto em que os humanos não são mais o centro de interesse da ciência; que tenha havido ao menos vinte e seis mortos no Egito no atentado contra o ônibus que transportava cristãos coptos ao oeste de Al Adua; que o governo chinês tenha reconhecido em 1989 que dez mil pessoas morreram no dia 4 de junho desse ano em Tiananmen e que vinte anos depois dessa matança, a informação fosse divulgada; que descubram no Templo Maior uma oferenda azteca, dedicada a um lobo, com ricas peças de ouro; que tenham retirado E o vento levou de um cinema de Memphis alegando que é um filme racista: correção política retroativa; que muitas jovens que buscam a fama no Japão acabem como vítimas das redes de pornografia; que a aliteração seja uma figura retórica que consiste em reiterar ou repetir sons semelhantes em um texto; que os coelhos se tornem uma peste e que uma coelha possa ter cada ano mais de cinco ninhadas de até cinco caçapos cada uma; que é natural que uma vaca que chorava ao entrar no matadouro estivesse em estado de angústia extrema; que diante da praga de roedores, as autoridades australianas decidissem em 1900 erguer uma cerca de 1.700 quilômetros que não funcionou para impedir a passagem dos coelhos para a parte ocidental da ilha; que no México fossem inventados os croquetes contraceptivos para cachorros; que Fray Bartolomé de las Casas conte como se propagaram milhares de gatos em uma ilha deserta na qual um barco português deixou abandonados uns quantos exemplares de ambos os sexos; que em uma de suas últimas entrevistas, o jornalista assassinado Javier Valdez tenha dito: O narco submeteu o governo, submeteu os empresários e está submetendo os jornalistas; que a British Airways tivesse que cancelar todos os voos que saíam de Londres porque o sistema caiu; que em 1988, Carlos Salinas de Gortari ganhasse as eleições pela mesma razão e que em 1998 no aeroporto de Frankfurt se produzisse o caos por uma falha semelhante; que os ciclones gigantescos que cobrem as latitudes mais altas do planeta Júpiter pudessem ser observados em detalhe, e que nas missões anteriores nunca foi possível vê-los nem de cima nem de baixo, tal e como o satélite Juno conseguiu; que o New York Times tenha descrito a trama descoberta em Chihuahua que permitiu ao ministério da Fazenda transferir milhões de pesos para o PRI para suas campanhas eleitorais de 2016; que assassinassem a plena luz do dia uma locutora de rádio na periferia de Oaxaca; que em 1771 fosse fundado o Hospicio Colegio de Niñas, que com as Leis da Reforma se exclaustrasse e se instalassem ali, sucessivamente, um casino, o teatro Colón e o cinema Imperial; que um cachorro pitbull matasse uma menina de dois anos em Ixtapalapa; que o vermelho seja a cor do Império; que um jogador de futebol valha sete milhões de euros; que a inflação tenha chegado a 8% no mês de maio e que continue aumentando; que se oscile entre a grandiloquência e o infraordinário; que uma tempestade elétrica em Moscou, com ventos de cem quilômetros por hora, tenha deixado até o momento quinze mortos; que o eufemismo seja uma forma de correção política; que um de cada sete adultos padeça de enxaqueca e que esta doença costume se apresentar também em crianças; que a virgem de Guadalupe fosse proclamada Patrona do reino em 1746, Rainha da Nação em 1895 e Imperatriz das Américas em 1933; que Cem anos de Solidão se acabasse de imprimir em 30 de maio em Buenos Aires faz cinquenta anos; que um agricultor na Alemanha encontrasse uma bomba sem explodir da Segunda Guerra Mundial e a levasse para sua casa; que o mais provável é que continuem se produzindo novos atentados terroristas com formas inesperadas de atuação; que exista a síndrome do olho fantasma; que um tigre atacasse e matasse sua cuidadora em um zoológico do Reino Unido e que, ali, como em outros zoológicos do mundo, haja graves irregularidades; que a famosa escultura que representa uma pequena sereia na Dinamarca fosse coberta de tinta vermelha em um ato de protesto contra a caça de baleias; que ao receber um prêmio, a atriz Helen Mirren dissesse: Não importa qual seja teu sexo ou tua raça: seja feminista; que tenha havido ao menos vinte e sete mortos e mais de cento e dez feridos em um duplo atentado em Bagdá no dia 30 de maio de 2017; que o novo Parlamento britânico provenha de setores muito diversos e conte com duzentas e sete mulheres, cinquenta e uma das quais são originárias de minorias étnicas e pelo menos quarenta e três de seus membros sejam abertamente gays; que se anuncie que faleceu o ex-ditador panamenho Manuel Noriega; que o pintor russo Kazimir Malevich criasse uma corrente de pintura chamada suprematismo e que pertencesse a essa geração de pintores proibidos pelo estalinismo, dentro de cuja lista poderiam ser incluídos Wassily Kandinsky, Aleksandra Ekster, Lyubov Popova, Olga Rozanova, Marc Chagall, Ilya Mashkov, Natalia Goncharova, Aristarkh Lentulov, Pavel Filonov, Oleksandr Bogomazov; que pesquisadores filiados a várias instituições no Japão e na Alemanha tenham encontrado evidência de que a zona intermediária do manto da Terra contém tanta água como os oceanos do planeta; que uma argentina tenha aberto a primeira livraria hispânica na China; que se completem mais de três décadas do assassinato do jornalista Manuel Buendía; que um veículo atropele vários pedestres perto de uma mesquita londrinense, deixando mortos e feridos, e que tenha havido um atentado semelhante em São Petersburgo; que talvez não sirva cruzar os dedos contra o azar; que no México a cozinha com insetos seja uma tradição nutritiva que remonta a tempos pré-hispânicos; que o diretor de comunicação da Casa Branca pedisse demissão; que tenha havido um ciberataque em todas as plataformas da cadeia de televisão Al Jazeera, cuja sede está no Qatar; que na Rússia, onde antes se perseguiam os religiosos, agora se faz fila para adorar um santo; que vários especialistas em cibersegurança descubram dois pontos muito vulneráveis no design dos processadores utilizados em quase todos os computadores do mundo; que estudos de DNA realizados em múmias revelem que os egípcios atuais não têm um grande parentesco com os antigos; que o terremoto de Lisboa de 1755 tenha destruído a cidade e influenciado a obra de Voltaire; que na Bélgica faça tão pouco sol que desde 1887 o Instituto Meteorológico Real belga anote escrupulosamente todos os minutos nos quais o astro rei aparece e que em dezembro haja apenas uma média de onze minutos por dia; que a União Europeia se mobilizasse para ajudar Portugal a deter o incêndio que no verão de 2017 assolou esse país; que o congresso de Sonora aprove uma iniciativa para criar zonas livres de drogas; que o quinto filme da série Piratas do Caribe arrecadasse mais de 76,6 milhões de dólares, em apenas quatro dias de exibição; que nunca seja excessivo repetir que é uma catástrofe para o mundo se retirar dos acordos de mudança climática; que um cidadão dos Estados Unidos devolva ao México dezoito peças pré-hispânicas roubadas do país entre 1960 e 1970; que as ruas de Bangalore na Índia tenham sido invadidas por uma espuma altamente tóxica que provém de um lago inundado pelas chuvas das monções; que Jean-Paul Sartre e

Simone de Beauvoir passavam muito tempo sentados no Deux Magots tomando café porque na casa deles não havia calefação; que a Mafalda já fale guarani para os paraguaios; que tenham chegado milhares de cartas ao Museu Metropolitano de Nova Iorque pedindo que se retirasse o quadro de Balthus chamado Teresa sonhando, onde se representa uma jovenzinha sentada, com as pernas erguidas, mostrando sua calcinha; que um buraco negro seja uma região infinita do espaço em cujo interior existe uma concentração de massa o suficientemente elevada para gerar um campo gravitacional, de tal forma que nenhuma partícula material, nem mesmo a luz, possa escapar dela; que a Comissão Nacional dos Direitos Humanos (CNDH) e a repartição no México do Alto Comissariado das Nações Unidas para os Direitos Humanos (ONU-DH) fizeram um chamado urgente ao Estado mexicano para que se abstenha de aprovar o projeto da Lei de Segurança Interior que militarizaria o país; que um grupo interdisciplinar de pesquisadores do Instituto Politécnico Nacional (IPN) confirmasse, através de diversos estudos, que uma molécula de cacau contém propriedades anticancerígenas; que a Odebrecht construísse em Michoacán uma barragem que custou o dobro do preço original e que a tenham entregado incompleta; que no dia 4 de janeiro se comemore o dia internacional do Braille e que Gesualdo Bufalino tenha escrito um livro intitulado Tommaso, o fotógrafo cego; que Rudolf Wilhelm Friedrich Ditzen fosse conhecido sob o pseudônimo de Hans Fallada (1893-1947) e tivesse sido um escritor alemão surpreendentemente caído no esquecimento, com livros muito notáveis como O bebedor e Sozinho em Berlim e que também haja um livro de Joseph Roth escrito nessa mesma época, A Lenda do Santo Beberrão; que 3% das vacas leiteiras chegue ao matadouro em estado avançado de gestação; que o Washington Post declare que o consumo de opiáceos nos Estados Unidos gera caos no México; que Marlene Dietrich tenha sido bissexual; que especialistas da UNAM assegurem que cuidar dos netos possa prevenir doenças degenerativas; que em um container do aeroporto de Algeciras que deveria armazenar camarões refrigerados se escondessem 118 quilos de cocaína; que se denuncia que a rapidez com que a economia indiana avança gerará um problema grave, por não ter conseguido criar suficientes empregos femininos; que o lugar onde mataram Júlio César em Roma tenha se tornado um santuário de gatos; que no México sejam jogadas fora 311 mil toneladas de alimento diariamente e que restaurantes, supermercados e organizações ecológicas juntem forças para reduzir o desperdício e que ele seja igualmente um grande problema em nível global; que a tuberculose esteja voltando e que seus sintomas sejam dores torácicas, fraqueza, perda de peso, febre e suores noturnos; que apesar de que esteja no mesmo nível que os pintores europeus de sua época, Cristóbal de Villalpando, o grande pintor mexicano do vice-reino, seja quase desconhecido fora do México; que a cientista Giulia Enders demonstre que as hemorroidas, os transtornos intestinais, como por exemplo os divertículos e a prisão de ventre, só existem nos países onde se evacua sentado no vaso sanitário, coisa que produz uma pressão extrema sobre o intestino; que a UNAM tenha recebido mais de 1.400 prêmios nacionais e internacionais em 2017; que Suavidade sem fronteiras seja o slogan do papel higiênico que um mexicano comercializou com a efígie de Trump; que Gabriel Gondolesi, chefe de Transplante de Fígado, Pâncreas e Intestino da Fundação Favaloro, centro médico de Buenos Aires, anunciou que no dia 12 de dezembro foi realizado com sucesso o primeiro transplante bipulmonar e hepático combinado em um paciente, que já tivera alta; que exista uma quantidade enorme de espécies diferentes de insetos na Terra, muitos dos quais vivem no México; que mataram um militante de Morena e feriram mais dois em um encerramento de campanha na zona serrana de Veracruz; que a Sinfônica de Dresden oferecesse em breve um concerto com o tema de Derrubem esse muro!, na cidade de Tijuana; que tenha sido documentado como uma serpente vomita outra serpente viva; que o New York Times pense que quem governa, entenda isso ou não, está subvertendo agressivamente os interesses dos Estados Unidos e o pior de tudo, como vários intelectuais denunciam, é que as pessoas estejam se acostumando; que com uma rajada de fogo executem uma modelo venezuelana em Monterrey; que um colaborador da NASA afirme que há extraterrestres que andam entre nós; que o filme da Mulher Maravilha tenha sido proibido no Líbano e outros países árabes porque a atriz principal é israelense; que com um enorme orçamento de publicidade, o governo mexicano controle todos os meios de comunicação; que a UNAM avise que plantar árvores de cacau poderia ajudar na preservação de anfíbios e répteis na selva lacandona; que devam ser celebrados os cinquenta anos do aparecimento de Cem anos de solidão e do Sgt. Pepper, o disco dos Beatles; que além de adquirir vários Lamborghinis e Ferraris para utilizá-los como viaturas, a polícia de Dubai tenha colocado em serviço um robô como agente; que os cientistas afirmem que as temperaturas globais da Terra estejam alcançando níveis altíssimos de aquecimento e que os blocos de gelo estejam se afastando da massa glacial; que a grana cochonilha, um inseto parasitário dos nopales cultivados no México e no Peru durante a época pré-hispânica, produzisse o pigmento vermelho mais intenso e duradouro conhecido, e tão rentável como a prata e o ouro, e usado por pintores como Tiziano e Vincent van Gogh; que a litote ou atenuação seja uma figura retórica que consiste em afirmar ou diminuir para afirmar algo, por exemplo: Viu Dom Quixote, não longe do caminho, uma venda; que um conflito agrário no Chiapas provoque o êxodo de milhares de indígenas; que logo logo já seja ontem; que um bot (aférese de robot) seja um programa informático que imita o comportamento de um humano e que nas redes sociais os bots são conhecidos como usuários fantasmas; que se conte que Mulay Ismaí foi um rei árabe que teve mil filhos; que impacte a beleza de umas flores roxas; que um ano se inicie e já comece a acabar; que no dia 1 de junho de 1926 nascesse a modelo e atriz americana Marilyn Monroe, considerada como uma das mulheres mais sensuais da história; que Rodrigo Díaz diga que talvez a América Latina logo será uma versão estendida de Ecatepec; que no dia 22 de fevereiro de 1942, o escritor judeu-austríaco Stefan Zweig e sua esposa se suicidassem em Petrópolis, Rio de Janeiro, Brasil; que enquanto caem bombas, matam jornalistas, imigrantes, civis e crianças, alguém escreva um texto sobre o sonho; que se descubra uma misteriosa estrela, atrás da qual poderia haver uma megaestrutura extraterrestre; que a epidemia da gripe espanhola que se abateu sobre a Europa, depois da Primeira Guerra Mundial, tenha sido um genocídio natural que matou mais de cem milhões de pessoas, um número maior do que o produzido durante a primeira e a segunda guerra juntas; que a fome persista em meio ao conflito no sul do Sudão e a semeadura e as chuvas ofereçam uma oportunidade de salvação; que na Cidade do México se descubra, perto do Templo Mayor, um recinto dedicado a Ehécatl, o deus do vento dos astecas; que Kafka escrevesse em seus diários: Todos os dias tenho que escrever pelo menos uma frase contra mim...

Coyoacán, julho de 2016
Coyoacán, janeiro de 2018

POSFÁCIO DA AUTORA À EDIÇÃO BRASILEIRA

O que posso dizer ou fazer no confinamento que não se repita todos os dias nas redes sociais e nas conversas diárias?: dizer que me debrucei na janela e vi dois passarinhos e um carro? que escovei os dentes três vezes de manhã e uma de noite; que subo e desço de maneira incessante as escadas ou ando pelo menos meia hora diariamente ao redor da minha mesa para me manter em forma e regular meus movimentos intestinais, que me visto como se fosse a uma festa e coloco brincos e refaço o rosto, principalmente as sobrancelhas grisalhas; que estou lendo muita literatura de contágio ou de confinamento ou de destruição (Casanova, Defoe, Bellatin, Sebald, Poe, Perec, Camus, Justo Sierra, Gamboa, Calderón, Henry Dana, Melville, Sor Juana e a freira de Ágreda, Emily Dickinson…)?, ou dizer que o confinamento permite se reencontrar com você mesmo; que não releio O amor nos tempos do cólera, mas me lembro que meu pai quando queria dizer algo forte, como uma maldição, gritava jolera, que em russo significa cólera; que quando estudava na escola preparatória número 1 (a única que havia então na cidade do México), meu professor de Literatura Universal, dom Erasmo Castellanos Quinto – homem de estatura mediana e barba branca longuíssima, ombros alargados pelas ombreiras que ele usava para se parecer a Ajax, o herói grego da Ilíada que ele mais admirava – explicava a epopeia e me chamava de Ifigênia, a jovenzinha sacrificada no altar dos deuses para que a Guerra de Troia pudesse continuar, e que agora revivo ao reler Agamenon, a tragédia de Ésquilo, enquanto faço parte de um coletivo sobre tragédia grega, organizado pelo escritor argentino Pablo Maurette; que não se sabe ainda quais efeitos definitivos terá a Covid-19; dizer que se a imunidade de rebanho, que se perder a humanidade, para conseguir a imunidade coletiva, produziria igualmente outra realidade, a de uma ambígua salvação, carecer de arbítrio e de consciência?; que se as vacinas estão a ponto de ser encontradas, que não, que na realidade tenham sido descobertos anticorpos e que as vacinas se chamem assim porque seu nome provém da palavra vaca; que os matadouros hoje em Chicago e no México e em muitas outras cidades se parecem aos descritos por Justo Sierra no início do século XX, na sua viagem pelos Estados Unidos; que em um motim na prisão de El Salvador houve uma chacina e um membro de um dos bandos inimigos abriu a cabeça de outros presos com uma pedra e começou a comer os miolos no meio do corredor, que as prisões são lugares de confinamento e de contágio; que o presidente Bukele trata os maras como se fossem gado; que na Turquia as autoridades encontraram em um aeroporto um carregamento ilegal de 79.000 máscaras cirúrgicas dentro de capas de almofadas; que o insólito buraco da camada de ozônio no Ártico começa a se fechar devido às condições meteorológicas; que todos e todas somos gênios falhos; que o debate nacional é um jogo de pingue-pongue; que por mais água que coloque no meu narciso, seu fogo não se apaga, que o superlativo e o maniqueísmo são as únicas formas (fúrias: corrige o corretor) para debater a situação atual do país e do mundo; que tenha surgido outra pandemia com consequências nefastas: o zoomismo, além da pandemia dos desaparecimentos de meninos, meninas e jovens; que a violência intrafamiliar cresceu exponencialmente durante o confinamento; que o corpo se torna holograma; que me debruço e repito: espelho, espelho meu, para ver se a cara de madrasta não aparece mais; que uma família de impressores no Sri Lanka teve uma ideia conciliadora, revolucionária, inédita e ecológica: elaborar papel com os excrementos de elefante e de quebra construir uma ponte no eterno conflito pela terra entre agricultores e paquidermes; que abundam os casais fratricidas nos mitos e na tragédia grega, e que tudo fica em família; que graças a um estrito e precoce confinamento, a Grécia conseguiu que o número de mortos seja incrivelmente baixo, coisa que também aconteceu na Islândia, na Finlândia e na Nova Zelândia, onde quem governa são mulheres; que o Brasil se perfila como o próximo epicentro mundial da pandemia, que agora está nos Estados Unidos; que neste texto reiterei a estratégia narrativa que me serviu para escrever meu livro E por olhar tudo, nada via, e que, finalmente, por enquanto, em Wuhan, na Coreia do Sul e na Espanha, houve novos surtos de Covid-19 desde que se tentou voltar à “normalidade”?

ÍNDICE